Opus
la facture instrumentale au Canada

Carmelle Bégin

avec le concours de
Constance Nebel

Musée canadien des civilisations

Données de catalogage avant publication (Canada)

Musée canadien des civilisations

Opus : la facture instrumentale au Canada

Publ. aussi en anglais sous le titre :
Opus, The making of musical instruments in Canada.
Comprend des références bibliographiques.
ISBN 0-660-90558-2

1. Instruments de musique — Expositions.
2. Instruments de musique, Construction — Canada —
Expositions.
3. Musée canadien des civilisations — Collections d'instruments
de musique — Expositions.
I. Bégin, Carmelle.
II. Titre.
III. Titre : La facture instrumentale au Canada.

ML462.H8C32   1992   784.19'074'714221   C92-099705-8

IMPRIMÉ AU CANADA

Publié par le
Musée canadien des civilisations
Hull (Québec)
J8X 4H2

Coordination et révision : Madeleine Choquette
Adjointe à la recherche : Constance Nebel
Conception graphique et production : Deborah Brownrigg
Éditique : Francine Boucher

Recherche terminologique : Lise Bellefeuille
Recherche bibliographique : Kevin James

Photographie
Rolf Bettner a photographié la grande majorité des instruments.
Les personnes suivantes sont les auteurs des photographies
apparaissant aux pages indiquées :
Jean-Pierre Camus, p. 24, 30, 39, 45, 75, 76, 93
Harry Foster, p. 8, 66 à droite, 67, 91 à droite, rabat
Carmelle Bégin, p. 51 à gauche, 56, 126
Barbara Zuchowicz, p. 12, 26 à droite
Jean-Pierre Beaudin, p. 68
Yves Beaupré, p. 94
Steve Darby, p. 11
Gold Photography Calgary (Alberta), p. 5
Merle Toole, p. 107

Couverture
Guitare à cordes d'acier de Michael Dunn, photographiée par
Rolf Bettner.

Plat verso
Harpe celtique de Tim Hobrough, clavecin d'Yves Beaupré,
batterie d'Ayotte Custom Drums et cymbales de Sabian Ltd,
photographiés par Rolf Bettner.

Table des matières

Préface

Mes visites des grandes collections mondiales d'instruments de musique comme celle du Metropolitan Museum de New York et celle de Bruges, en Belgique, m'ont toujours procuré un immense plaisir. Aussi ai-je souvent songé à la possibilité de réaliser une entreprise semblable au Canada. Après tout, la musique et la facture des instruments ont tenu une place non négligeable dans le développement des civilisations, que ce soit dans l'ancienne Égypte, à Crémone au XVIIe siècle ou en Afrique centrale de nos jours.

Si les musées conservent les précieux instruments qui nous restent du passé, très peu d'entre eux ont pensé à collectionner les instruments plus contemporains, qui reflètent pourtant mieux les tendances musicales de notre société au moment où nous approchons de la fin de ce siècle.

Les instruments de facture canadienne présentés dans cette collection montrent l'engagement de leurs artisans envers l'excellence. Je me réjouis de constater que ces instruments remarquables sont montrés au public, et j'espère que le présent ouvrage suscitera davantage l'intérêt dans un domaine qui mérite notre support et notre encouragement.

Mes meilleurs vœux de succès accompagnent cette magnifique entreprise.

Mario Bernardi
directeur musical
de la Calgary Philharmonic Orchestra

Avant-propos

Le mot latin *opus* signifie «œuvre». Ce terme, utilisé par les compositeurs de musique pour numéroter leurs pièces, comme par exemple la Sonate pour piano de Beethoven, Opus 106, est également d'usage courant chez les facteurs d'instruments de musique. C'est là un procédé d'identification utile qui permet également de situer une pièce dans l'ensemble des œuvres d'un auteur.

Le terme «luthier» fait référence aux artisans qui construisent des instruments à cordes et plus spécifiquement des instruments de la famille du violon. Le terme «facteur», d'autre part, désigne tous les autres artisans de la facture instrumentale.

Ce livre présente une centaine d'œuvres réalisées au Canada par les luthiers et les facteurs d'instruments de musique contemporains. Les instruments qui y apparaissent font partie de la collection permanente du Musée canadien des civilisations. Leur acquisition s'étale sur une période d'environ dix-sept ans et certains d'entre eux ont été commandés spécialement pour l'exposition **Opus** que cette publication accompagne.

Ce livre ne prétend pas être un relevé exhaustif de la facture instrumentale au Canada. Il rend compte d'un art qui, bien qu'il se soit développé très lentement depuis un siècle, a pris un nouvel essor depuis les deux dernières décennies. Nous présentons donc une sélection d'œuvres qui sont représentatives de ce phénomène nouveau.

Nous avons tenté de donner le plus d'informations possible au lecteur, qu'il soit spécialiste ou dilettante. Ainsi, il trouvera la description des instruments de même que des notes biographiques des artisans, des détails techniques, des photographies prises lors de nos visites dans les ateliers, des remarques qui situent l'instrument dans le contexte dans lequel il apparaît dans ce livre.

Enfin, nous tenons à souligner que l'exposition à l'origine de ce livre a été montée dans le cadre des expositions sur les métiers d'art du Musée canadien des civilisations. La sélection des œuvres présentées s'est donc faite dans ce contexte et n'a pas tenu compte des instruments qui feraient plutôt l'objet d'une exposition sur l'art populaire.

Introduction

Les plus prestigieuses collections d'instruments de musique dans le monde sont constituées d'instruments historiques et d'instruments à caractère ethnographique. La collecte de ces témoins de la vie musicale n'a débuté de façon systématique qu'au XIXe siècle alors que Francois-Joseph Fétis constitua le noyau de la collection du Musée instrumental de Bruxelles. Au tournant du siècle, deux Anglais, Arnold Dolmetsch et Francis W. Galpin, rassemblaient d'importantes collections d'instruments qu'ils accompagnaient de documents historiques, de détails sur leur facture et sur leur usage. Ces collections ainsi que d'autres qui ont été rassemblées dans divers musées d'Europe et d'Amérique ont servi de point de départ à la recherche en organologie et constituent, à ce jour, d'importantes sources de documentation pour les luthiers et les facteurs d'instruments.

La collection du Musée canadien des civilisations comporte plusieurs centaines d'instruments de musique à caractère ethnographique. Depuis une quinzaine d'années, la collection s'est enrichie d'instruments de facture contemporaine et comprend un éventail allant des répliques d'instruments de l'époque médiévale jusqu'aux instruments modernes. Ce récent ajout à la collection illustre l'intérêt que l'on porte, au début des années 1960, à la musique ancienne. Ce phénomène qui s'étend à toute l'Amérique du Nord crée un besoin grandissant d'instruments historiques et contribue ainsi à faire renaître l'art de la facture instrumentale.

Les quelque cinquante facteurs dont nous traitons dans ce livre abordent leur art de façons très différentes : certains ont une approche scientifique, méthodique, ordonnée, d'autres, une approche empirique dans laquelle l'intuition joue un rôle plus ou moins important. Certains ont acquis une formation professionnelle dans de grandes écoles de lutherie

Robert Campbell jouant sur la guitare de Linda Manzer, 1992

ou avec un maître luthier, d'autres sont autodidactes et ont amassé une somme impressionnante de connaissances en effectuant des recherches dans les musées, archives et bibliothèques à travers le monde.

Ce livre traite de deux types d'instruments : les instruments d'origine européenne utilisés dans l'interprétation de la musique dite «sérieuse» et les instruments d'origines culturelles diverses utilisés pour interpréter les musiques traditionnelles. Dans la première catégorie, on retrouve la reproduction d'instruments du Moyen Âge, de la Renaissance, de l'Époque baroque, de l'Époque classique ainsi que des instruments modernes. Dans la seconde catégorie, on retrouve des instruments d'origine américaine et extra-américaine.

Nous avons divisé le volume en quatre thèmes - la facture, l'historique, l'esthétique et la symbolique -, et nous avons choisi certains instruments pour illustrer chacun d'entre eux. Nous nous sommes penchés sur certaines étapes du cheminement d'un facteur d'instrument, sur ses sources de documentation et d'inspiration, sur ses préoccupations face aux besoins changeants de la société moderne. Plus spécifiquement, nous avons voulu, à travers les chapitres sur l'esthétique et la symbolique, éveiller la curiosité du public à l'égard de l'art de la lutherie et de la facture instrumentale en révélant quelques aspects insoupçonnés de cet art. Nous espérons que ce livre contribuera à faire apprécier à sa juste valeur la qualité du travail des luthiers et des facteurs d'instruments canadiens.

Chaque instrument appartient à une des quatre catégories du système de classification défini par mode de production du son. Ce système, qui remonte à Victor Mahillon, musicologue au Musée instrumental de Bruxelles, a été mis au point, au début du siècle, par deux musicologues, Erich von Hornbostel et Curt Sachs. Il comporte :

• les *idiophones* dont l'élément vibrant est constitué du matériau même de l'instrument, telles les cymbales et les cloches;

- les *aérophones* dont l'élément vibrant est l'air lui-même, généralement contenu dans un tuyau, telles les flûtes et les trompettes;
- les *cordophones* dont les cordes vibrent lorsqu'elles sont pincées, frappées, frottées ou soufflées, tels le violon et la harpe;
- les *membranophones* dont une membrane constitue l'élément vibrant, tel le tambour.

Sauf indication contraire, les dimensions des instruments sont données de la façon suivante :
- pour les cordophones : la longueur totale, la longueur de la caisse, la dimension la plus grande pour la largeur de la caisse et la hauteur des éclisses;
- pour les aérophones et les archets : la longueur totale, à l'exception de la trompette dont le diamètre du pavillon est indiqué;
- pour les idiophones et les membranophones : la dimension de la surface vibrante et la hauteur de la caisse de résonance, selon le cas.

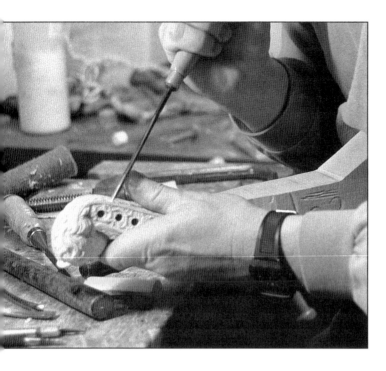

Lorsque le Canada n'était encore qu'une colonie, ce sont tout naturellement les artisans du bois, comme les ébénistes et les menuisiers, qui avaient la tâche de réparer les instruments ou de construire les violons des amateurs. De nos jours, la facture instrumentale est une véritable profession dont on apprend les rudiments dans des écoles spécialisées ou avec un maître. Certains artisans sont d'abord des musiciens qui s'initient d'eux-mêmes aux secrets du métier. Il en est ainsi de tous ces facteurs rencontrés au cours de la préparation de ce livre qui de luthistes sont devenus luthiers, de clavecinistes sont devenus facteurs de clavecins, de flûtistes sont devenus facteurs de flûtes.

Tous, à un moment ou à un autre de leur formation ou dans l'exercice de leur profession, feront appel à diverses sources de documentation pour acquérir les connaissances nécessaires à la fabrication d'un

Au verso : Peter Mach examine la volute d'un de ses instruments, en 1992. La volute des instruments à cordes rappelle la spirale du coquillage de certains mollusques.

En haut : sculpture d'une tête de viole à la gouge.

type particulier d'instrument. Ainsi, un luthier qui se spécialise dans la reproduction d'instruments du Moyen Âge ne peut que recourir à l'iconographie pour connaître les détails de la construction, de la pratique ou de l'histoire de l'instrument, car très peu d'instruments fabriqués avant le XVIe siècle ont survécu. Le facteur doit aussi garder à l'esprit que la reproduction qu'il examine, que ce soit une peinture, une sculpture, une enluminure ou une gravure, ne reproduit pas l'instrument dans tous ses détails. Ainsi, elle ne dévoilera pas, par exemple, les types de matériaux utilisés, l'épaisseur des parties de l'instrument, ni la tension exercée sur les cordes.

La Renaissance est plus riche en informations. Quelques instruments préservés et des écrits nous donnent certains détails de fabrication. Il en est ainsi d'un manuscrit datant du milieu du XVe siècle qui a été écrit par Henri Arnault de Zwolle, physicien et astrologue à l'emploi du duc de Bourgogne. Arnault y décrit quelques instruments de musique de cette époque et il en trace les plans. Au XVIe siècle, quelques livres paraissent dont le très important traité *Syntagma Musicum*, en trois volumes, de Michael Praetorius, compositeur allemand dont le second volume «De Organographia» donne de nombreux détails sur les instruments de l'époque. Du XVIIe siècle, on peut consulter l'*Harmonie universelle* de Marin Mersenne, véritable encyclopédie de la musique dont une partie importante traite des instruments.

Les époques ultérieures ont laissé de nombreux témoins de la vie musicale et les collections des musées sont riches en instruments de toutes sortes. Ces derniers ne sont toutefois pas toujours représentatifs des instruments ordinairement joués à ces époques, car les collectionneurs ont conservé ceux qui étaient les plus richement ornés. Enfin, certains instruments ont subi des transformations parce qu'ils ont été réparés ou mis au goût du jour.

Plusieurs musées ont entrepris, avec l'aide de luthiers et de facteurs, de faire des plans et dessins techniques de certains instruments de leur collection. Ces plans reproduisent fidèlement les différentes composantes des instruments et les rendent plus accessibles aux chercheurs. Certains luthiers préfèrent tracer eux-mêmes leurs plans à partir de l'instrument original et iront jusqu'à radiographier un instrument afin d'en découvrir tous les secrets.

Il ne faut pas oublier cependant que, quelle que soit la minutie avec laquelle un luthier tente de reproduire un instrument d'époque, il ne pourra pas obtenir les matériaux utilisés alors. Il devra composer avec des matériaux semblables, en essayant de trouver une qualité équivalente. L'importation de certains matériaux comme l'ivoire ou l'écaille de tortue est interdite et rend ainsi difficile, sinon impossible la reproduction exacte de certains instruments. Quelques artisans feront appel aux matériaux de récupération, comme l'ivoire des touches de pianos par exemple ou remplaceront les matériaux précieux par un produit de synthèse ayant la même apparence et présentant des qualités semblables.

Parmi les luthiers et facteurs canadiens, nombreux sont ceux qui utilisent des bois indigènes. L'érable, l'épinette de sitka, le cerisier tardif, par exemple, se prêtent bien à la facture de plusieurs types d'instruments, et la Colombie-Britannique, l'est de l'Ontario et le sud du Québec sont des régions propices au bois de lutherie. Certains facteurs trouvent des ressources intéressantes dans les édifices en démolition; le bois de charpente offre plusieurs qualités et est assurément bien sec.

Certains instruments ou parties d'instruments ne sont construits qu'avec des bois importés. Parmi les bois les plus recherchés notons le palissandre et le pernambouc brésiliens, l'épinette et le buis européens. Utilisés à divers degrés dans la facture des instruments, ces bois offrent de nombreuses qualités dont la souplesse, la résistance à la déformation et à l'éclatement au tournage, ainsi que des propriétés acoustiques supérieures. Malheureusement, les incendies massifs de la forêt amazonienne menacent la source d'approvisionnement en palissandre, et les bois européens recherchés pour les qualités que leur donne leur âge, comme l'épinette aux grains serrés, se font de plus en plus rares.

Les facteurs d'instruments doivent satisfaire une clientèle et un public dont le goût musical est changeant. Cette nécessité de s'ajuster à la demande a présidé à l'évolution de la musique et de la facture instrumentale depuis des siècles. Plusieurs luthiers conviennent que les instruments de musique sont en évolution constante, qu'il y a place à l'imagination et l'amélioration et, ce, même lorsqu'un luthier travaille à un violon de modèle Stradivari, considéré comme le modèle parfait en lutherie. Certains facteurs ont nettement amélioré la facture d'instruments en leur donnant une plus grande stabilité au niveau de la mécanique et en réduisant les risques de déformation et de bris, tout en respectant l'esthétique et la sonorité qui sont propres à l'instrument.

Ces raisons nous portent à considérer ces instruments comme des originaux même s'ils empruntent le style d'une autre époque. Au même titre que Stradivari ne faisait pas de copies des violons d'Amati, son maître, nos luthiers et facteurs canadiens donnent à leurs instruments une signature tout à fait originale. Et cette originalité, comme nous le verrons tout au long de ce livre, tient d'abord et avant tout à l'esprit inventif, à la sensibilité et au professionnalisme de nos luthiers et facteurs canadiens.

Les instruments du Moyen Âge et leur iconographie

Opus 1 – Organistrum

L'organistrum, tout comme la vielle à roue dont il est l'ancêtre, fonctionne lorsque ses cordes sont frottées par une roue actionnée par une manivelle. Sa taille importante nécessitait la présence de deux musiciens, l'un tournait la manivelle tandis que l'autre assurait le jeu proprement dit à l'aide de touches rotatives. Les touches venaient ainsi en contact avec deux cordes, une troisième corde était en bourdon. Selon toute vraisemblance, on accordait les trois cordes à la tonique, à la quinte et à l'octave. Cet accord se prêtait bien à l'accompagnement de la polyphonie de l'époque dans laquelle les voix se déplaçaient parallèlement en intervalles de quartes ou de quintes.

On peut retrouver quelques représentations de cet instrument dans des sculptures en relief du XIIe siècle, en Angleterre, en France et en Espagne. Dans les cloîtres, l'instrument servait à enseigner la musique, à donner l'intonation aux chanteurs et à accompagner la musique religieuse.

Edward Turner a fait cet organistrum d'après une sculpture en bas relief du XIIe siècle du portique de l'église San Miguel de Estella à Saint-Jacques-de-Compostelle, en Espagne. La facture de cet instrument est remarquable au niveau du détail de la reproduction. On peut ainsi noter cette tête de griffon sculptée dont la bouche s'ouvre sur la manivelle servant à actionner la roue.

Edward R. Turner

Edward Turner a une carrière riche et polyvalente. Après avoir étudié en design architectural et en art graphique à l'école des Beaux-Arts de Montréal, il se dirige vers la facture de clavecins et d'instruments à cordes, poussé par son intérêt pour la musique et les instruments antérieurs au XIXe siècle. Il se consacre entièrement à cette activité à partir de 1971 lorsqu'il établit son atelier à Vancouver. Une partie de son travail consistant à faire de la recherche, il devient expert-dessinateur de la collection Russell d'instruments à clavier anciens, à l'Université d'Édimbourg. Les facteurs de clavecins à travers le monde utilisent ses plans et dessins techniques des plus importants clavecins de la collection.

Edward Turner a joué un rôle considérable dans le mouvement de renouveau de la facture instrumentale au Canada. Il a construit plusieurs répliques d'instruments anciens dont des clavecins, des luths et des vielles à roue. Il a fait connaître la facture instrumentale par des ateliers, des conférences au Canada et à travers le monde, jusqu'en République populaire de Chine où il se rendit au début des années 1980. En 1985, il reprend son métier de dessinateur et de graphiste.

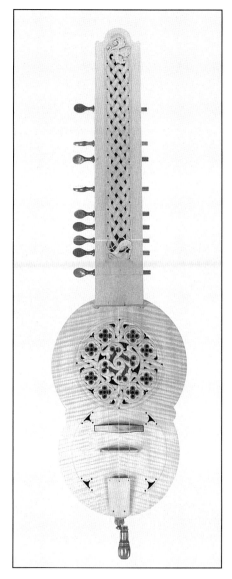

OPUS 1

Organistrum
Par Edward R. Turner
Vancouver (Colombie-Britannique)
1973
Érable d'Ontario, érable européen madré, noyer, métal, boyau
Longueur totale : 142 cm;
caisse : 56 x 36 x 11 cm
CCECT 74-246

Opus 2 et 3 – Vièles

La vièle est un des instruments à archet les plus courants du Moyen Âge. Les nobles, tout autant que les paysans et les jongleurs, en jouaient. Les ménestrels en avaient fait un instrument de prédilection. Accompagnant chants, danses, poèmes épiques, elle se faisait entendre dans toutes les festivités qu'elle soit seule ou accompagnée de la harpe, du psaltérion, du luth ou encore de la flûte.

On tenait la vièle sur l'épaule plus ou moins comme un violon, mais certains tableaux montrent également des musiciens assis la tenant sur les genoux. La forme de l'instrument, le nombre de cordes ainsi que l'archet peuvent varier grandement. Il est difficile de retracer les origines de la vièle, mais il semble qu'au Xe siècle, on ait utilisé l'archet en Espagne et en Italie, une pratique ramenée des pays arabes et byzantins. Au XIe siècle, la pratique s'est étendue à toute l'Europe et la vièle médiévale apparaît vers cette époque. On en jouera jusqu'à la fin du XVe siècle, puis on l'abandonnera peu à peu pour la remplacer par des instruments de la famille de la viole de gambe et du violon.

En désignant le premier de ces deux instruments sous le terme de «viole médiévale», Christopher Allworth précise la tessiture plus basse de l'instrument et indique qu'il est tenu sur le genou. Cet instrument est construit d'après une enluminure que l'on retrouve dans le psautier de York datant du XIIe siècle. Cette enluminure représente le roi David jouant de la harpe entouré de ménestrels jouant de divers instruments à cordes (Université de Glasgow, Ms. U.2.3.).

Entièrement peint à la tempera, l'instrument a le dos d'un rouge brillant, les éclisses et le chevillier recouverts de feuillages très colorés et découpés de style roman. Le cordier est décoré d'une vouivre à la tête de daim, aux ailes d'oiseau et à la queue de serpent. Le luthier a reproduit ces décorations à partir d'un manuscrit anglais du XIIIe siècle faisant partie des collections du British Museum.

Le terme *vithele*, de l'anglais médiéval, désigne la vièle plus petite (Opus 3). Pour construire cette reproduction peinte à la tempera, le luthier

OPUS 2

Vièle (viole médiévale)
Par Christopher Allworth
Halifax (Nouvelle-Écosse)
1973
Pin suisse, érable, bouleau, saule, if anglais, boyau
Longueur totale : 83 cm; caisse : 55 x 27 cm; éclisses : 8,2 cm
CCECT 74-1276
Étiquette : «Christopher Allworth, 1973, Auburn, Nova Scotia»

À droite : *gros plan de la vouivre.*

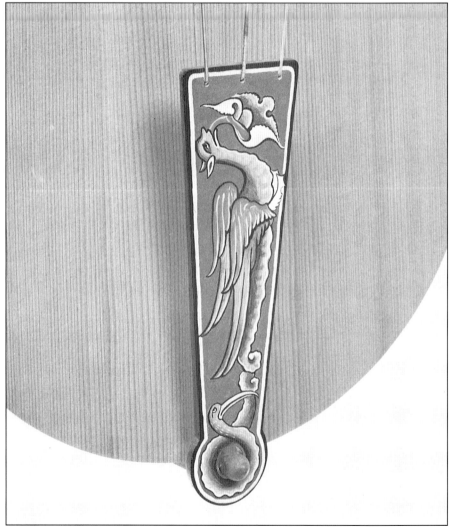

s'est inspiré d'une enluminure tirée du psautier de Bromholm (XIIIᵉ siècle) ainsi que des livres de l'Apocalypse de la Trinité (Trinity College, Cambridge, Ms.R.16.2). D'autre part, les motifs de son cordier et de ses éclisses ont été tirés de deux psautiers conservés au British Museum. Ainsi, son cordier est décoré du lion ailé dont la tête est surmontée d'une auréole, symbole de saint Marc l'Évangéliste, tel qu'il apparaît dans le psautier de l'abbaye de Westminster (vers 1340), et ses éclisses, décorées de motifs peints bleu et or, sont inspirées du psautier de Luttrell.

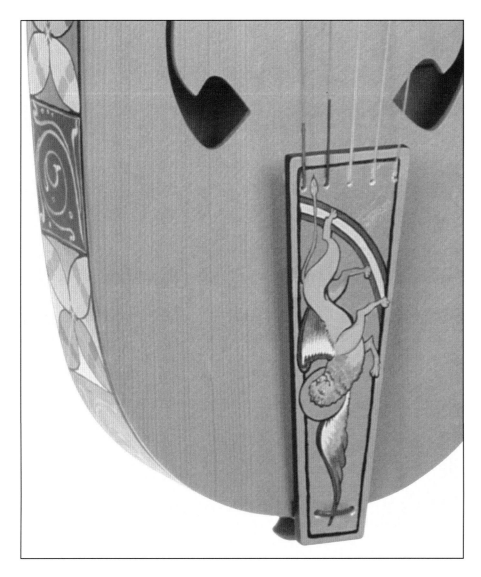

Opus 4 – Psaltérion

Le psaltérion est un instrument à cordes qui occupe une place importante au Moyen Âge. Les cordes tendues sur une table d'harmonie sont pincées avec les doigts ou à l'aide d'un plectre. Les tableaux nous montrent le plus souvent le psaltérion appuyé sur la poitrine du musicien et parfois posé sur ses genoux. On a joué du psaltérion à travers toute l'Europe dès le XIe siècle et jusqu'au début du XVIe siècle. Le *quànun*, psaltérion du Moyen-Orient, que les Maures ont introduit en Espagne vers le XIIe siècle, a influencé le développement de l'instrument européen. Les formes carrées, rectangulaires ou trapézoïdales constituent les formes les plus anciennes de cet instrument. Vers le XIIIe siècle apparaît le psaltérion appelé *instrumento di porco* à cause de sa forme incurvée rappelant le groin du porc. L'instrument présenté ici est une reproduction de ce style de psaltérion. Ses trois faces sont décorées d'un motif de quadrifolié peint à la tempera ainsi que de feuilles d'or.

OPUS 4

Psaltérion
Par Christopher Allworth
Halifax (Nouvelle-Écosse)
1974
Bouleau, cèdre, laiton, feuilles d'or, penne
45 x 55 x 6 cm
CCECT 74-1278
Étiquette : «Christopher Allworth maker
Yarmouth Nova Scotia 1974»

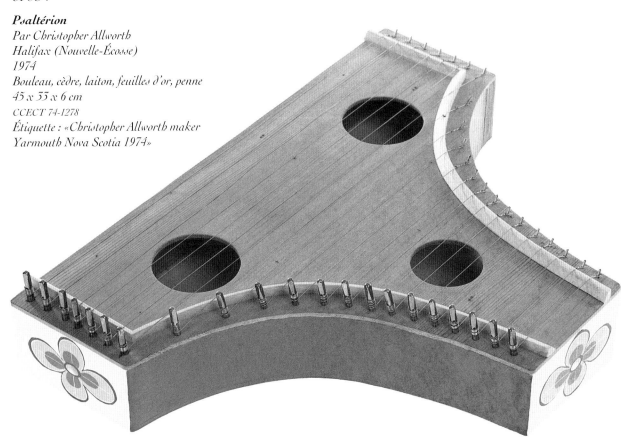

Christopher Allworth

Musicien de formation, Christopher Allworth s'intéresse aux instruments de musique historiques dès la fin des années 1960. Après des études de maîtrise à l'Université d'Illinois, où il étudie la musique religieuse médiévale, il poursuit ses études à Oxford, en Angleterre, entre 1968 et 1971. C'est là que se développe son goût pour l'organologie médiévale, l'étude de l'iconographie et de la musique religieuse de cette époque le conduisant tout naturellement vers cette spécialité. À son retour au Canada, il travaille comme professeur de musique à Yarmouth, en Nouvelle-Écosse. En 1984, il s'installe à Halifax et, pour consacrer plus de temps à la lutherie, il n'enseigne qu'à temps partiel à l'Atlantic School of Theology tout en continuant une carrière d'organiste et directeur musical à l'église anglicane St. John's.

Les premiers instruments qu'il construit sont des reproductions d'instruments en usage avant 1450 et comprennent le psaltérion, la vièle et la viole médiévale, la symphonie (vielle à roue médiévale), la harpe et la lira que l'on appelle aussi «gigue». Depuis quelques années, il se consacre uniquement à la fabrication des instruments à archet : la viole, la vièle et la lira. Son épouse Carolyn peint à la tempera les motifs décoratifs et elle applique la feuille d'or, selon le style approprié à chaque instrument.

Les instruments de la Renaissance

Opus 5 – Luth

On retrouve le luth dans toute l'Europe dès la fin du Moyen Âge. Son ancêtre, le *ud* arabe, a été introduit en Espagne lors des invasions Maures (711-1492). Le terme «luth» est un dérivé du terme arabe et de son article *al-'ud*. Le luth comptera parmi les instruments les plus importants en Europe jusqu'à la fin du XVIIIe siècle.

Cette rosace de style arabe se caractérise par la géométrie de ses lignes.

Tout au long de son histoire, le luth connaît plusieurs transformations. Les cordes sont d'abord faites de boyau et installées par paires, ou chœurs, sur l'instrument. Puis la qualité des cordes se raffine et on en augmente progressivement le nombre pour permettre au luth d'avoir un répertoire toujours plus vaste. À la Renaissance, un luth peut avoir entre 6 et 10 chœurs, ce qui lui fait de 11 à 19 cordes, car le premier chœur est habituellement formé d'une seule corde. À cette époque, le luth devient un instrument soliste dont le répertoire demande une grande virtuosité. Il accompagne toujours le chant et on le retrouve dans presque tous les ensembles, se mêlant entre autres aux flûtes, aux violes et un peu plus tard au clavecin.

La panse de ce luth est formée de bandes d'érable alternant avec le palissandre. La table d'harmonie est ornée d'une rosace à caractère arabe sculptée à même le bois. Le manche et le chevillier sont en hêtre teint noir pour imiter l'ébène, la touche est en palissandre, les cordes et les frettes nouées sont en boyau, les frettes de la caisse sont en ivoire.

L'étiquette est une reproduction de la gravure de l'atelier d'un luthier publiée en 1785, à Paris, dans le livre *Art du faiseur d'instruments de musique et lutherie*.

David Miller

C'est au cours d'un séjour à Halifax pour remplir un engagement en tant que comédien que David Miller fait sa première expérience en lutherie. Il y fabrique son premier dulcimer des Appalaches à l'aide d'un livre d'instructions. Tout en poursuivant ses expériences dans la construction de divers instruments, c'est dans les livres qu'il puise les connaissances

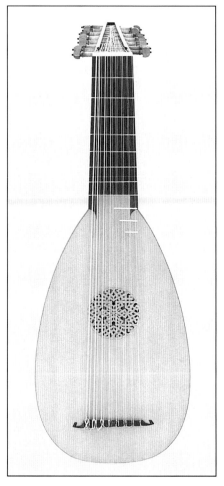

OPUS 5

Luth
Par David Miller
Saskatoon (Saskatchewan)
1979-1980
Érable, épinette, palissandre, hêtre, poirier, ivoire, ébène, boyau
Caisse : 51 x 29 x 14 cm; manche : 25 cm; chevillier : 22,5 cm
CCECT 83-726
Don de la Fondation Massey
Étiquette : «David G. Miller Saskatoon, Canada #807»

À remarquer les teintes contrastées de l'érable et du palissandre.

théoriques nécessaires au développement de son art. Parmi ses instruments, on compte des luths et des guitares, de même que des dulcimers des Appalaches. Dans son approche de la facture d'instruments anciens, David Miller tente de reproduire leur côté esthétique le plus fidèlement possible. Dans la facture d'instruments traditionnels, il se permet un peu plus de liberté, n'hésitant pas à créer de nouveaux motifs ornementaux ou à modifier certains aspects techniques de l'instrument dans le but de le rendre plus efficace.

Opus 6 – Flûte traversière

La flûte traversière serait d'origine byzantine et aurait été introduite en Allemagne avant de se répandre en Europe. Jusqu'au XIVe siècle, c'est principalement dans la région du Rhin qu'on en joue, et c'est ainsi qu'on lui a parfois donné le nom de «flûte allemande» lorsqu'on commence à en faire usage dans les autres régions européennes. À la Renaissance, la flûte consiste encore en un simple tuyau cylindrique percé de six trous, elle pouvait être de trois tailles différentes. Sur les tableaux d'époque, on la représente souvent au côté d'un chanteur, en compagnie d'un luth, d'une viole ou d'une harpe.

Opus 7 – Cornet à bouquin

Cet instrument, grandement en usage en Europe à partir du XVIe siècle, se compose d'un tuyau en bois recouvert de cuir, percé de six trous sur la face antérieure et d'un trou sur la face opposée.

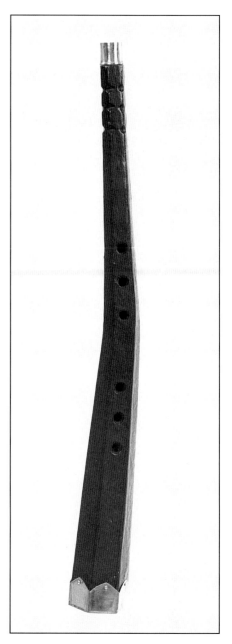

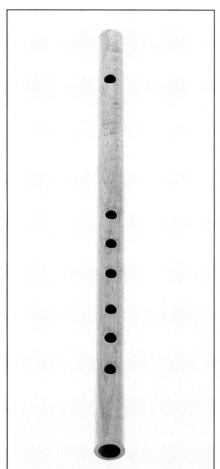

OPUS 6

Flûte traversière
Par Harry Bloomfield
Montréal (Québec)
Vers 1982
Érable
46,5 cm
CCECT 83-743.1-2
Don de la Fondation Massey

OPUS 7

Cornet à bouquin
Par Edward Eames
Qualicum Beach (Colombie-Britannique)
Vers 1965
Bois, cuir, laiton
54 cm
CCECT 75-1016

L'origine du cornet remonte au Moyen Âge et, comme on peut le constater dans des illustrations datant de cette époque, on le fabriquait alors à partir d'une corne incurvée de chèvre sauvage.

Au XVIe siècle, il joue un rôle essentiel dans la musique professionnelle et on le retrouve associé surtout aux trombones, que l'on appelle «saqueboute» à cette époque, et à la voix. Ce lien durera jusqu'au XVIIIe siècle. D'autre part, dans une peinture italienne du XVIIe siècle, on le voit avec un violon et un luth, ce qui est une rare combinaison.

Pour construire cet instrument, Edward Eames s'est servi ici d'une illustration qui parut dans *European Musical Instruments* de Frank Harrison et Joan Rimmer. Cette illustration représente un *cornettino* qui est lui-même une reproduction d'un instrument du XVIe siècle faite en Angleterre en 1963.

Edward Eames

Edward Eames reçoit une éducation musicale en Angleterre, en particulier comme membre d'harmonies militaires alors qu'il fait ses études dans diverses écoles militaires. Diplômé en enseignement de la musique, il immigre au Canada en 1953 et s'établit en Colombie-Britannique pour y poursuivre une carrière dans ce domaine. Son goût pour la musique militaire l'amène à s'intéresser aux instruments anciens utilisés dans les fanfares et les harmonies. Il commence à reproduire des instruments à vent pour enseigner leur utilisation à ses élèves et pour satisfaire sa curiosité personnelle. Il construira ainsi une douzaine d'instruments à vent à caractère historique et quelques instruments à cordes et à percussion. En 1973, le Musée national de l'Homme (maintenant le Musée canadien des civilisations) acquérait quelques-unes de ses œuvres.

Opus 8 – Flûte à bec en sol

Né en 1492, Sylvestro Ganassi est un musicien actif jouant aussi bien de la viole de gambe que de la flûte à bec. Attaché à la cour des Doges de Venise, il se produit également à la basilique Saint-Marc. Il publie, en 1535, une méthode pour flûte à bec fort complète intitulée *Opera Intitulata Fontegara*. Cette méthode témoigne de la technique très poussée qu'avaient développée les flûtistes et démontre ainsi la place privilégiée de la flûte à bec dans la musique de cette époque.

Jean-Luc Boudreau a construit cette flûte d'après un modèle ayant cours à l'époque où Ganassi écrivit sa méthode de flûte, mariant de manière tout à fait originale un matériau typique du Québec à un modèle de facture de la Renaissance italienne. L'instrument est fait en deux sections retenues par une bague en laiton. La flûte est accordée au diapason la-440.

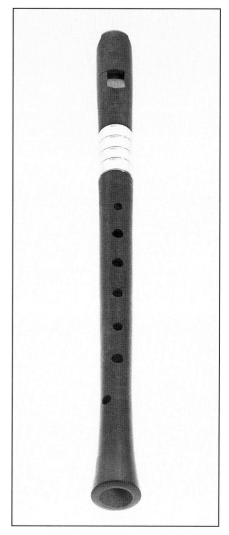

OPUS 8

Flûte à bec en sol
D'après Sylvestro Ganassi
Par Jean-Luc Boudreau
Montréal (Québec)
1990
Érable à sucre du Québec, laiton
45 cm
CCECT 90-307.1-4
Marque au poinçon : «Jean-Luc Boudreau
Montréal 151090»

Jean-Luc Boudreau

Jean-Luc Boudreau fabrique des flûtes à bec, des flûtes baroques ainsi que des flûtes traversières baroques et classiques depuis déjà une dizaine d'années. Peu après avoir obtenu un diplôme en musique, plus précisément en interprétation avec spécialisation en flûtes anciennes, il se tourne vers la facture de flûtes qu'il aborde en autodidacte. En 1983, il obtient une bourse du ministère des Affaires culturelles du Québec pour faire de la recherche dans les musées européens, pour étudier de près les instruments originaux des grandes collections et pour visiter des maîtres facteurs.

Tout en se basant sur les modèles anciens pour construire ses flûtes, il aime explorer les moyens technologiques modernes pour faciliter la facture et améliorer les possibilités de ses instruments. Il a ainsi conçu un outillage spécialisé pour diverses étapes de la fabrication comme le perçage des tuyaux et le tournage. Il travaille le design de la flûte à l'ordinateur et il substitue à l'ivoire un matériau de synthèse telle la résine de polyester moulée pour décorer certains instruments ou pour fabriquer le corps même de la flûte.

Jean-Luc Boudreau a participé à de nombreuses expositions en Europe et aux États-Unis et il a donné de nombreuses conférences-ateliers sur l'entretien et la fabrication des flûtes. Dans son atelier montréalais lui parviennent des commandes du Canada, des États-Unis et d'Europe. Il compte déjà environ 450 instruments à son actif.

Jean-Luc Boudreau travaillant une flûte au tour, en 1991.

Les instruments baroques

Opus 9 – Pardessus de viole

En Europe, à partir de la fin du XVIIe siècle, on remplace graduellement la viole de gambe par le violoncelle dont la puissance sonore convient mieux aux nouveaux orchestres. En France, pourtant, la viole de gambe continuera de jouir d'une grande popularité jusqu'à la fin du XVIIIe siècle. C'est au cours de ce même siècle que s'ajoute un nouveau membre à la famille de la viole, le pardessus de viole, qui est de plus petite taille encore que le dessus de viole. La noblesse française adopte cet instrument avec enthousiasme. Les dames de la cour en sont enchantées; l'instrument, par sa petite taille, est en effet charmant et sied tout à fait à l'élégance de mise à l'époque. De plus, le registre du pardessus lui permet de remplacer le violon dont les femmes se gardent bien de jouer car il laisse des marques disgracieuses sur le cou.

Dominik Zuchowicz a construit ce pardessus de viole d'après un instrument du Musée du Conservatoire de Paris qui est signé par un des grands luthiers français de l'époque, Nicolas Bertrand (- 1725), le «faiseur d'instruments ordinaire de la muzique du Roy» (*The New Grove Dictionary of Musical Instruments*). Une tête de femme sculptée, couverte de feuilles d'or, termine le manche de cet instrument de facture très soignée.

Dominik Zuchowicz

Les instruments de la famille de la viole et du violon, la contrebasse ancienne, ou *violone*, et le violon baroque, tels sont les instruments que Dominik Zuchowicz construit et restaure dans son atelier d'Ottawa. Cet artisan débute comme luthier indépendant en 1974 après avoir travaillé pendant quatre ans à la réparation et à la restauration d'instruments dans un atelier de lutherie de Winnipeg. Au début de sa carrière, il s'occupe principalement de réparation, mais il augmentera constamment sa production d'instruments, se spécialisant dans la facture d'instruments anciens. Avec l'aide d'une bourse du Conseil des arts, il entreprend, en 1981, de faire de la recherche dans les collections européennes et au Musée des beaux-arts de Boston. Durant son séjour aux États-Unis, il agit comme consultant en restauration pour la collection Casedessus de l'orchestre symphonique de Boston et pour la collection du département de musique ancienne du New England Conservatory of Music de Boston, tout en développant une clientèle de musiciens particulièrement intéressés à la musique ancienne.

OPUS 9

Pardessus de viole
D'après Nicolas Bertrand
Par Dominik Zuchowicz
Ottawa (Ontario)
1991
Érable de C.-B., épinette de Sitka de C.-B., ébène du Gabon, buis, os, boyau, argent, feuille d'or, lin et colle, vernis à l'huile
Longueur totale : 65 cm; caisse : 51 x 18,6 cm; éclisses : 7,6 cm
CCECT 92-1
Étiquette : «Dominik Zuchowicz Ottawa 20/12/91 1991»

En 1982, Dominik Zuchowicz revient à Ottawa. Il compte, parmi sa clientèle, de nombreux professionnels, et ses instruments se retrouvent notamment aux facultés de musique de l'Université de Montréal, de l'Université McGill, de l'Université Carleton ainsi que de l'Université Western Ontario.

Cette belle tête sculptée couverte de feuilles d'or nous rappelle que les instruments de musique baroques se mariaient au style somptueux de l'ameublement de cette époque.

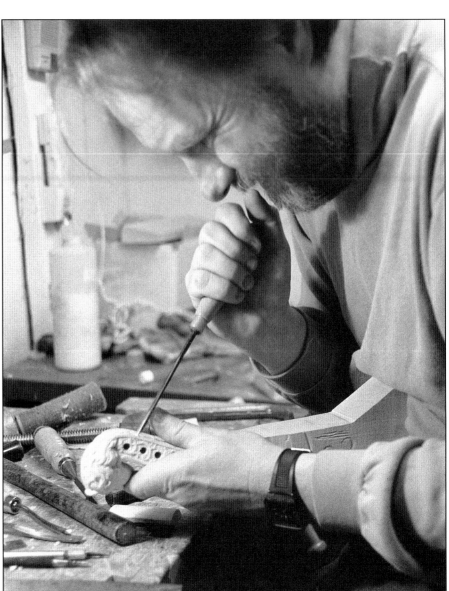

Dominik Zuchowicz dans son atelier d'Ottawa, en 1991

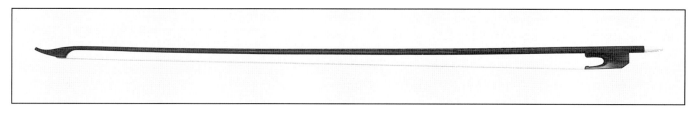

Opus 10 – Archet de pardessus de viole

Cet archet est une synthèse des archets français et anglais du XVIIIe siècle, conçu par Philip Davis à partir de ses recherches sur plusieurs archets originaux. Peu d'archets de pardessus de viole ont été sauvegardés, il devient ainsi plus difficile d'en reproduire les modèles. Cet archet est cannelé et la hausse est en amourette.

Philip Davis

En plus de fabriquer les instruments de la famille du violon et les instruments à cordes anciens, Philip Davis, luthier-archetier torontois, est spécialisé dans la restauration d'instruments d'époque. Guitariste de formation, il étudie la sculpture et l'ébénisterie au Ontario College of Art, en 1969. C'est ainsi qu'il choisit, dans le cadre de ses cours, de construire une guitare classique et il trouve, dans cette activité, la synthèse parfaite de ses intérêts.

À travers la lutherie, il poursuit une recherche qui le fascine sur la relation entre la forme et la fonction d'un objet. Philip Davis séjourne pendant trois ans à Londres, entre 1975 et 1978; il y reçoit une formation en facture d'instruments anciens, plus précisément, de la famille des instruments à cordes. Boursier du Conseil des arts du Canada, à deux reprises, il poursuit des recherches intensives sur les principales collections instrumentales européennes. Lorsqu'en 1983 il sera récipiendaire de sa seconde bourse, il ira en Allemagne étudier pendant un an, avec J.J. Schroeder, maître luthier et archetier. Philip Davis est en charge depuis douze ans d'un cours de lutherie qu'il a lui-même mis sur pied au Ontario College of Art.

Opus 11 – Flûte sopranino

Il est étonnant de penser que la flûte à bec était tombée en désuétude au XIXe siècle et qu'on ignorait jusqu'à son nom. En 1919, Arnold Dolmetsch, facteur et musicologue anglais, s'intéresse à la musique ancienne et construit sa première flûte à bec d'après un modèle baroque que l'on connaît encore aujourd'hui.

À l'époque baroque, la flûte à bec n'est plus construite d'une seule pièce comme celle de la Renaissance, mais plutôt en trois sections amovibles. Ce changement important permet au musicien d'allonger ou de raccourcir légèrement son instrument et, ainsi, de mieux l'accorder.

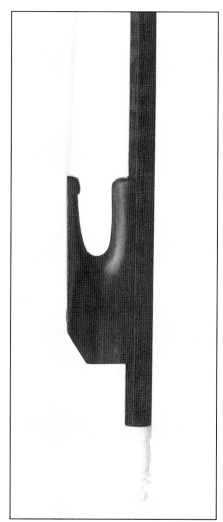

OPUS 10

Archet de pardessus de viole
Par Philip Davis
Toronto (Ontario)
1992
Amourette, os, crin de cheval
71,2 cm
CCECT 92-11

Les sections plus courtes de l'instrument permettent au facteur une finition plus soignée de la perce qui devient plus accessible pour les doigts. Cette façon de faire semble avoir été mise de l'avant par Jean Hotteterre, facteur d'instruments à vent à la cour de Louis XIV. Les grands facteurs de flûtes, comme Bressan et Stanesby, l'adopteront par la suite. C'est ainsi qu'avec ses épaisses viroles en ivoire élégamment tournées, à chacun de ses joints, la flûte devient très décorative et rencontre les canons de la beauté baroque.

Cet instrument est construit d'après un instrument de Johann Christoph Denner (1655-1707). La famille Denner était reconnue pour ses instruments à vent. Lorsque les flûtes françaises en trois sections arrivèrent en Allemagne, Johann Christoph Denner s'y intéressa et adopta très vite cette nouvelle méthode de facture. Cette flûte est en deux sections et est accordée au diapason la-415.

Opus 12 – Flûte alto

Jean-Luc Boudreau a construit cette flûte d'après un instrument conservé à l'Université d'Utrecht, en Hollande, œuvre d'un facteur du XVIIIe siècle du nom de Debey. Elle est faite en trois parties avec des viroles en résine de polyester moulée et elle est accordée au la-415.

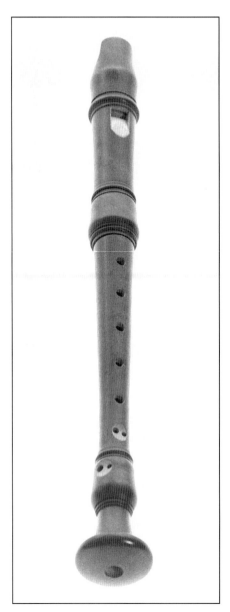

OPUS 11

Flûte sopranino
D'après Johann Christoph Denner
Par Jean-Luc Boudreau
Montréal (Québec)
1990
Buis, bois noir (grenadille)
26,5 cm
CCECT 90-306.1-3
Marque au poinçon : «Jean-Luc Boudreau
Montréal 190490»

OPUS 12

Flûte alto
D'après Debey
Par Jean-Luc Boudreau
Montréal (Québec)
1990-1991
Buis, résine de polyester moulée
50 cm
CCECT 90-343.1-3
Marque au poinçon : «Jean-Luc Boudreau
Montréal 220790»

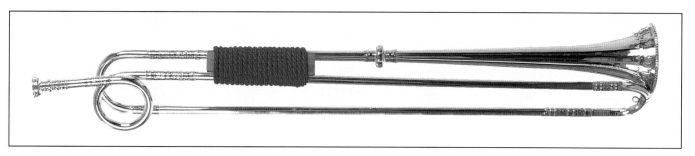

Opus 15 – Trompette baroque

La trompette fut long-
temps associée à la vie
militaire. Les ensembles de
trompettes des cours royales
et des villes importantes sym-
bolisaient la puissance et la
richesse. Au XVIIe siècle, on
intègre la trompette aux
ensembles musicaux, et des
compositeurs, tels Corelli,
Torelli, D. Gabrielli, Vivaldi,
Telemann, lui donnent un
répertoire soliste très vaste.

À cette époque, la ville de
Nuremberg, en Allemagne,
est un des centres les plus
importants de fabrication de
cuivres. La tradition de l'art
du métal est déjà ancienne à cet
endroit. Cette tradition, alliée
à la prospérité économique et
à l'effervescence culturelle que
connaît la ville, est propice au
développement de la facture de
trompettes, de trombones et
autres cuivres qui atteindront
une grande renommée. Les
trompettes baroques n'ont
encore aucun piston; ces amé-
liorations techniques qui
permettront à la trompette
de devenir un instrument chro-
matique n'apparaîtront qu'au
XIXe siècle.

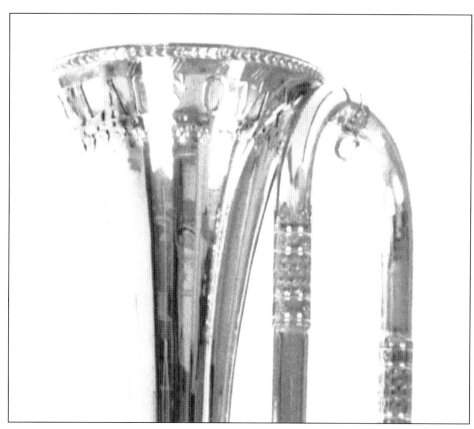

OPUS 15

Trompette baroque
D'après Hanns Hainlein
Par Robert Barclay
Gloucester (Ontario)
1991
Laiton, argent et or plaqués
76 cm (excluant l'embouchure); pavillon : 9,4 cm
CCECT 91-118.1-9

*Pavillon de la trompette décoré d'une
guirlande où se lit le nom du facteur et
le lieu où elle a été fabriquée.*

Robert Barclay a fait ce très bel instrument entièrement à la main d'après le plan d'une trompette de Hanns Hainlein, datée de 1632, qui se trouve au Stadtmuseum de Munich. Notons que Hanns Hainlein faisait partie d'une importante famille de facteurs de cuivres de Nuremberg.

Cette trompette en ré est en laiton plaqué argent; la guirlande et les bagues de retenue sont plaquées or. Le pavillon est décoré d'une guirlande sur laquelle on peut lire «MACHT ROBT BARCLAI IN OTTW» qui signifie «Fait par Robert Barclay à Ottawa». L'artisan a voulu ainsi respecter le style du facteur Hainlein qui avait signé la trompette originale «MACHT HANNS HAINLEIN MDCXXXII».

Robert Barclay

Diplômé en arts de l'Université de Toronto, Robert Barclay est facteur de trompettes depuis déjà quinze ans. Pendant de nombreuses années, il donna des cours sur la facture des cuivres, l'été à Toronto. Il s'intéresse tout particulièrement à la trompette naturelle de l'époque baroque, et il poursuit des recherches intensives sur les fameuses trompettes fabriquées à Nuremberg aux XVIIe et XVIIIe siècles. Nombre de trompettistes spécialisés en musique baroque possèdent un de ses instruments que ce soit en Amérique ou en Europe. Robert Barclay est l'auteur de nombreuses publications sur les techniques anciennes de fabrication de la trompette dont *The Art of the Trumpet-Maker*, publié aux Oxford University Press. À travers ses recherches et les instruments qu'il construit, Robert Barclay participe activement à la renaissance de la trompette baroque.

Robert Barclay se préparant à découper une feuille de laiton pour fabriquer un instrument, en 1991.

Opus 14 – Vielle à roue

Instrument des ménestrels, des pèlerins, des mendiants, la vielle à roue jouait un rôle important dans la musique profane du Moyen Âge. Vers le XIVe siècle, après l'époque de la peste noire, on associe principalement la vielle à roue aux mendiants et aux musiciens aveugles, et on lui attribue généralement peu de valeur. Au XVIIIe siècle, elle devient le symbole musical par excellence de la vie pastorale, dû à l'engouement de la haute société pour la nature. On tentera, dans la littérature de l'époque, d'ennoblir ses origines comme on ennoblit son apparence en l'ornant d'incrustations de nacre, d'ébène, d'ivoire et de têtes sculptées. De nos jours, on utilise cet instrument dans des ensembles de musique ancienne ou pour jouer des musiques traditionnelles. La vielle à roue est répandue dans toute l'Europe, on la retrouve entre autres en France, en Allemagne, en Hongrie, en Italie, en Pologne et en Scandinavie.

Daniel Thonon a fabriqué cette vielle d'après un modèle français du XVIIIe siècle. Sa caisse est dite «en crapaud». Sa forme et la tête, plus spécifiquement, rappellent le style arabe très prisé à la cour où on aimait se déguiser en sultans ou en princesses persanes lors des fêtes.

Fidèle à la tradition, le luthier a collé une inscription à l'intérieur du couvercle du clavier : «Cette vielle à roue, la treizième sortie de mon atelier m'a été commandée par le Musée canadien des civilisations. Funeste hasard, elle fut commencée et finie, jours pour jours en même temps que la dite "guerre du Golfe" qui elle, par contre, ne témoigne pas de notre civilisation. Cent jours, vingt-trois touches, une roue, quarante-six sautereaux et des milliers de morts. Daniel Thonon, Saint-Marc-sur-Richelieu (Québec), février 1991».

Daniel Thonon

Bien que la facture de la vielle à roue soit sa spécialité, Daniel Thonon construit plusieurs types d'instruments anciens : rebec, vièle à archet, psaltérion, crwth, luth, etc., et il est également restaurateur de tous les instruments à cordes y compris, clavecin, piano-forte, clavicorde. Il est musicien, compositeur-arrangeur et il s'applique à faire connaître la vielle à roue et sa musique. En plus d'animer des ateliers, il est membre et président du groupe de musique traditionnelle «Ad vielle que pourra», et il est un des organisateurs du festival «Vielles et cornemuses» qui est le rendez-vous annuel des amoureux de la musique québécoise, française, irlandaise et bretonne.

Né à Bruxelles, Daniel Thonon est entouré de musique dès son jeune âge puisque son père est pianiste de jazz. Il étudie le clavecin au Conservatoire de Genève et la facture de clavecin et d'instruments anciens au Conservatoire de Paris. Comme il s'intéresse à la musique médiévale, il en étudie les origines dans la musique arabo-andalouse au Conservatoire de Tlemcen en Algérie. Lorsqu'en 1977 il s'installe au Québec, il continuera

OPUS 14

Vielle à roue
Par Daniel Thonon
Saint-Marc-sur-Richelieu (Québec)
1990-1991
Acajou, amarante, ivoire de récupération, boyau, érable, épinette, acier, cuir, laiton
70 x 39 x 9,3 cm
CCECT 91-25

d'avoir une vie musicale très active et sera membre pendant quelque temps de l'ensemble Claude Gervaise. À ce jour, il a construit plus d'une vingtaine de vielles à roue pour des musiciens de tous les milieux dont le groupe Pink Floyd qui possède trois de ses instruments.

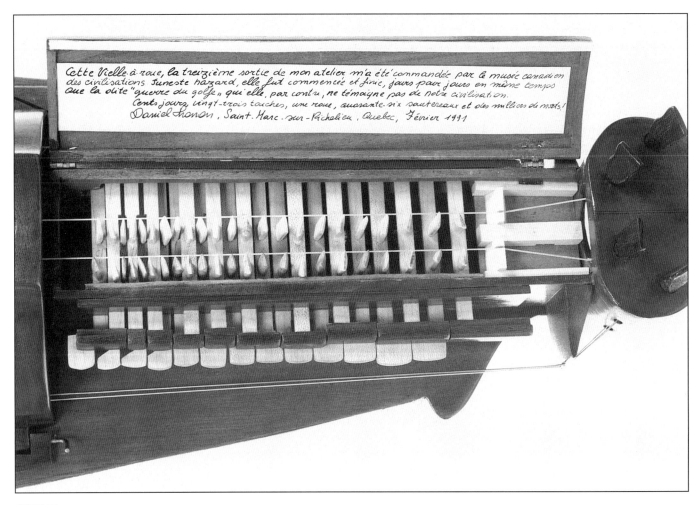

OPUS 14

Gros plan du clavier.
À remarquer l'étiquette à l'intérieur du couvercle.

32

Opus

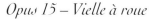
Gros plan de la caisse et du clavier

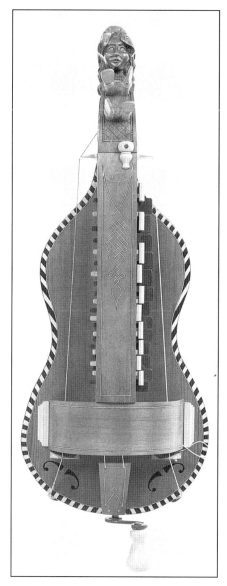

OPUS 15

Vielle à roue
Par Edward R. Turner
Vancouver (Colombie-Britannique)
1974
Cerisier, séquoia, houx, ébène, érable de l'est,
buis, laiton et acier, boyau
65 x 25 x 18 cm
CCECT 74-1279
Étiquette collée à l'intérieur du couvercle du
clavier : «Edward R. Turner, 420 W. Hastings
St. Vancouver, BC, 1974»; gravé sur le dos du
clavier : « E.R. Turner, Vancouver»

Opus 15 – Vielle à roue

Cet instrument a été construit d'après un modèle anonyme du
XVIIIe siècle, propriété de Paul Reichlin de Samstagern, Suisse. Le corps
en forme de guitare est construit en cerisier. Cet instrument est semblable
à un instrument de la collection du Conservatoire national de musique
de Paris, fabriqué par le célèbre facteur de vielles à roue Pierre Louvet
(1711-1784). Avec la tête sculptée, les incrustations d'ébène et de houx
sur le pourtour de la caisse, cet instrument est d'une facture très soignée.
C'est Edward Turner qui en a tissé la courroie.

Les matériaux de substitution

Opus 16 – Guitare baroque

*L*a guitare est fort probablement originaire d'Espagne. La guitare à cinq chœurs était la plus courante de l'époque baroque, et si elle existait déjà au XVIe siècle, son usage s'est répandu aux XVIIe et XVIIIe siècles. La guitare baroque se différencie de la guitare moderne non seulement par le nombre de cordes, mais par sa taille plus petite, par son dos parfois voûté, ainsi que par ses cordes et ses frettes en boyau noué au manche. La rosace n'est pas seulement ornée en son pourtour, mais de fines dentelles de parchemin la recouvrent entièrement.

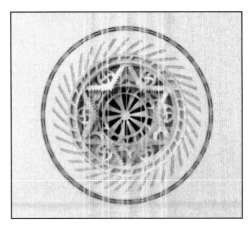

Rosace en parchemin dont l'étoile, faite de deux triangles renversés l'un dans l'autre, symbolise l'harmonie universelle.

La construction particulière et les cordes de boyau donnent à la guitare baroque une sonorité qui se rapproche davantage du luth que de la guitare moderne. La guitare baroque avait un répertoire de musique savante et des guitaristes réputés en jouaient dans les cours royales. Elle accompagnait également des chants et des musiques traditionnelles.

Certains luthiers très connus comme Antonio Stradivari (1644-1737) ont fabriqué des guitares baroques. Si, en général, elles étaient de facture assez simple, on remarque que celles qui ont été préservées sont souvent très richement ornées d'incrustations et de marqueterie.

C'est au début de la vague de renouveau de la lutherie au Canada que Michael Dunn a construit cette guitare d'après un instrument de René Voboam, daté de 1641, qui fait partie des collections de l'Ashmolean Museum d'Oxford. René Voboam, luthier parisien, faisait des guitares fort renommées au XVIIe siècle. La guitare originale avait un dos plaqué d'incrustations d'écailles de tortue placées en chevrons. Michael Dunn a reproduit cet effet en marqueterie. Cette guitare, à la facture très fine, montre le professionnalisme remarquable du luthier. Sur le chevillier, on peut lire «M. Dunn 1974» ciselé sur une pièce d'ivoire. La rosace de style arabe est faite de plusieurs couches de parchemin finement découpé et doré.

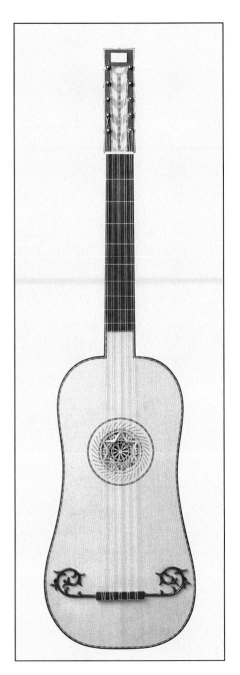

OPUS 16

Guitare baroque
D'après René Voboam
Par Michael Dunn
Gibsons (Colombie-Britannique)
1973
If, cèdre jaune, épinette allemande, pin, ébène,
boyau, nylon
Longueur totale : 96 cm;
caisse : 47 x 25 cm; éclisses : 9,5 cm
CCECT 74-158
Étiquette : «Michael Dunn, luthier, made at
Gibsons BC December 1973 #140». Elle est
aussi signée «Michael Dunn».

À droite : *vue de dos. À remarquer le*
travail de marqueterie que l'on a sub-
stitué ici à l'écaille de tortue utilisée sur
l'instrument original.

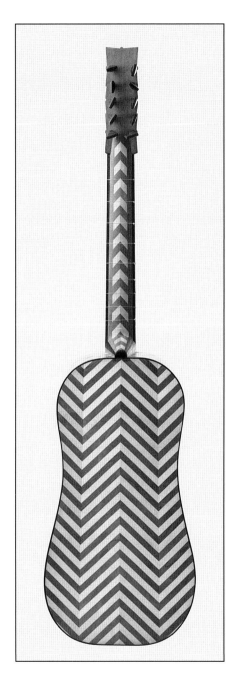

Michael Dunn

L'intérêt et la fascination de Michael Dunn pour la guitare remonte au temps de ses onze ans lorsqu'il commence à en jouer. Il deviendra un guitariste polyvalent, touchant à une grande variété de styles, comme le jazz, le folk, le flamenco, la bossa-nova. Comme il veut ensuite explorer la construction de cet instrument, il se rend à Palma de Majorque, en Espagne, où il poursuit un apprentissage de deux ans auprès des luthiers Jose Orti et Jose Ferrer. Au début des années 1970, Vancouver est au cœur du renouveau de la musique ancienne et Michael Dunn, à l'instar de plusieurs luthiers, s'intéresse à la reproduction d'instruments d'époque. Il partage un atelier avec le luthier et luthiste Ray Nurse qui lui apprend la facture du luth, et il construit des clavecins avec Edward Turner.

Possédant une expérience de plus de vingt-cinq ans, Michael Dunn tient une place importante dans la lutherie canadienne. Il a construit des guitares de tous genres, de la *vihuela* de la Renaissance à la guitare acoustique de jazz en passant par la guitare baroque. Il a présenté ses instruments dans de nombreuses expositions, au Canada et à l'étranger. En 1980, il est invité à donner des démonstrations dans le cadre de la prestigieuse exposition «The Look of Music» présentée au Centennial Museum, maintenant le Vancouver Museum. Tout en continuant à construire des guitares, Michael Dunn donne un cours de lutherie au Douglas College de Vancouver. En tant que musicien, il fait partie d'un groupe dont le répertoire s'inspire de la musique de Django Reinhardt (que l'on associe au Hot Club de France, groupe de cinq musiciens formé à Paris en 1932). Michael Dunn a construit pour lui-même et pour les autres membres de son groupe des guitares Maccaferri comme aimait en jouer le légendaire musicien.

Opus 17 – Flûte alto

Jean-Luc Boudreau a construit cette flûte d'après l'échelle de Debey dont un instrument est conservé à l'Université d'Utrecht, en Hollande. Cette dernière est accordée au diapason la-415 comme on le faisait à cette époque, par contre la présente flûte a été accordée au diapason moderne la-440, tout en gardant les proportions et l'échelle de la flûte originale.

Cette flûte est construite entièrement à partir de résine de polyester moulée, produit de synthèse que l'on utilise comme substitut de l'ivoire. Quoique ce produit offre de nombreuses qualités, il est difficile à manipuler car il se casse facilement lors du perçage et du tournage. Jean-Luc Boudreau a réussi à donner une allure très moderne à cette flûte, le design s'accordant bien avec le matériau.

Opus 18 – Archet de violon

L'archetier Bernard Walke est biologiste de formation et son respect de l'environnement l'amène à s'interroger sur l'utilisation de matériaux «vivants», de source animale ou végétale, dans la construction d'instruments de musique ou de tout autre objet. La corne de vache offre une alternative intéressante à l'ivoire et à l'écaille de tortue, traditionnellement utilisés dans la fabrication de l'archet et dont l'emploi est interdit aujourd'hui. L'archet que l'on voit ici est un archet moderne dont la hausse est en corne de vache.

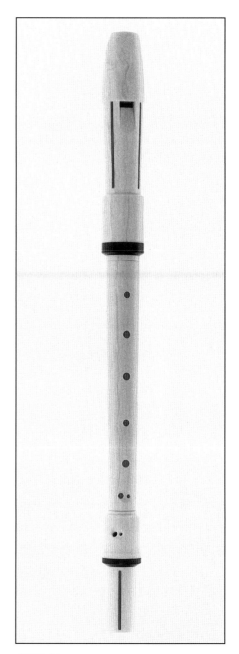

OPUS 17

Flûte alto
Par Jean-Luc Boudreau
Montréal (Québec)
1990-1991
Résine de polyester moulée
47,7 cm
CCECT 91-23.1-4

Bernard Walke

Bernard Walke est archetier depuis plus de dix ans. Son goût pour la musique classique et celtique pour violon est à l'origine de son intérêt envers la facture, mais il doit à son frère, Gregory Walke, d'en avoir fait sa profession. En 1974, les deux frères ont la chance de rencontrer John Doherty, violoneux irlandais renommé, dans un pub de Donegal, en Irlande. Le jeu de ce musicien et le contact prolongé avec la musique irlandaise et écossaise les amènent à la pratique du violon.

En 1980, à son retour d'un séjour au Nigéria où il occupe un poste de biologiste, Bernard se met à l'apprentissage du métier d'archetier, sur l'insistance de son frère qui, entre temps, est devenu luthier. Pendant deux ans, il est l'apprenti de Peter Mach, luthier et archetier d'Aylmer; au cours de cette période, il rencontre également Dominik Zuchowicz avec lequel il s'initie à la musique ancienne et à la facture des violes, d'où naîtra son intérêt pour l'archeterie baroque. À Toronto, en 1982, il ouvre un atelier et étudie les archets anciens, d'origine française et anglaise. En 1984, il s'installe à Ottawa et construit des archets modernes pour la famille du violon ainsi que des archets pour les instruments baroques.

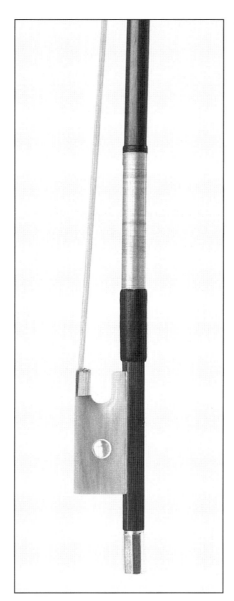

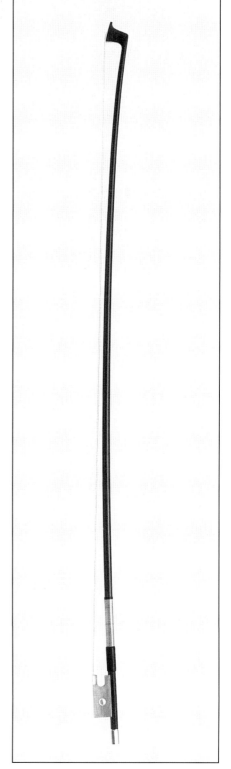

OPUS 18

Archet de violon
D'après Dominique Pecatte
Par Bernard Walke
Ottawa (Ontario)
1991
Pernambouc, corne de vache, fil d'argent, argent, nacre, ormeau, cuir, os, crin de cheval
74,5 cm
CCECT 92-15
Marque au fer : «Bernard Walke»

L'ensemble de jazz

Opus 19 – Guitare à cordes d'acier, à table voûtée et à éclisse dégagée

La guitare acoustique à table voûtée, que l'on appelait originellement *archtop*, doit son invention au développement des orchestres de danse des années 1920 et au *big band* des années 1930. Pour pouvoir se faire entendre à travers les cuivres et la batterie, la guitare se devait d'augmenter son intensité sonore. Les nécessités de la musique entraînent donc, ici encore, des changements qui font évoluer la forme de la guitare. C'est aux États-Unis que la guitare à table voûtée est mise au point dans les ateliers Gibson. John d'Angelico et Jim d'Aquisto en feront des modèles fort appréciés des guitaristes de jazz.

Cette guitare emprunte des éléments de sa facture à celle du violon : table d'harmonie bombée, ouïes en forme de *f* et chevalet ajustable sur lequel passent les cordes d'acier pour aller s'attacher au cordier. Une armature de fer placée dans le manche permet de plus à ce dernier de soutenir la forte tension des cordes. La guitare à table voûtée a été assez rapidement munie de capteurs électriques, mais elle ne peut rivaliser avec la guitare électrique dont le volume est beaucoup plus puissant. D'autre part, elle garde un timbre bien personnel qu'on apprécie grandement dans le monde du jazz.

Linda Manzer décore d'incrustations la touche ou le chevillier de ses guitares; on peut voir là une influence de son premier maître Jean-Claude Larrivée. Cette artisane a choisi de décorer cette guitare-ci de huit motifs représentant huit espèces animales en voie de disparition ou disparues au Canada. Il s'agit, en partant du chevillier, du caribou de Dawson, du faucon pèlerin, du renard véloce, du couguar de l'Est, de la chouette tachetée, de la loutre de mer, de la grue blanche d'Amérique et de la baleine boréale. Le chevillier est orné d'un motif floral ainsi que du nom de Linda Manzer ciselé dans une pièce de nacre. De facture soignée, cette guitare possède une sonorité digne des grandes guitares de jazz.

Linda Manzer

Linda Manzer développe le goût pour la lutherie au cours de ses études au collège d'art et de design de Nouvelle-Écosse, alors qu'elle participe

OPUS 19

**Guitare à cordes d'acier,
à table voûtée et à éclisse dégagée**
*D'après John d'Angelico et
Jim d'Aquisto
Par Linda Manzer
Toronto (Ontario)
1991
Épinette allemande, érable, acajou,
ébène, ormeau, nacre, buis, os, acier
Longueur totale : 104,5 cm; caisse :
50,5 x 42,5 cm; éclisses : 7,5 cm
CCECT 91-22.1-2*

à des ateliers de travail du bois. Elle décide de s'y consacrer et prend comme maître le luthier Jean-Claude Larrivée qui exerce sa profession à Toronto. Elle poursuit son apprentissage avec lui pendant quatre ans. Elle construit ensuite des guitares acoustiques pour des musiciens renommés tels Pat Metheny, Bruce Cockburn et Milton Nascimento qui possèdent au moins un de ses instruments. En 1984, elle fait un stage à New York avec James d'Aquisto pour se spécialiser dans la facture des guitares *archtop* dans la tradition de John d'Angelico.

Linda Manzer est renommée pour son goût de l'innovation qui l'amène à ne jamais refuser une commande, aussi étrange soit-elle. C'est ainsi qu'elle a construit la fameuse guitare «Pikasso» à 42 cordes et à trois manches pour Pat Metheny. En plus des guitares à cordes d'acier et à table voutée, Linda Manzer fabrique également des guitares classiques.

Linda Manzer dans son atelier de Toronto, en 1991

Opus 20 – Contrebasse

Depuis la fin du XVe siècle, la contrebasse a connu maintes formes. Dans l'orchestre, elle est l'instrument le plus grave et elle a comme rôle principal de supporter la basse et le rythme. Certaines œuvres demandent d'ailleurs une grande virtuosité, comme *Tableaux d'une exposition* de Moussorgsky orchestré par Ravel en 1922; des concertos et sonates, écrits spécialement pour elle, en font aussi un instrument soliste. Dans la musique de jazz, la contrebasse tient une place importante. Le plus souvent jouée en pizzicato, elle insuffle une grande vigueur au rythme.

À cause de sa grande taille, le dos de l'instrument est habituellement en deux parties. Lorsqu'il est construit en une seule partie, comme l'est cet instrument-ci, la pièce de bois dont se sert le luthier doit venir d'un arbre qui a un diamètre au moins deux fois plus grand que la largeur de l'instrument. Ouvrons ici une parenthèse pour dire que le luthier débite normalement le bois en quartiers. Lorsqu'il utilise deux pièces de bois pour faire le dos d'un instrument, il choisit deux pièces voisines d'un même arbre qu'il place côte à côte pour créer un effet de miroir agréable à l'œil.

Peter Mach a utilisé comme modèle une contrebasse de Georges Louis Panormo qui appartient à un musicien de l'Orchestre symphonique de Montréal. Panormo (1774-1842) a passé toute sa vie à Londres où son père, un luthier d'origine italienne, s'était installé. Il construisait des instruments de la famille du violon, des archets et des guitares.

Mach a construit cet instrument à la fin de l'automne et au début de l'hiver 1991, lorsque le degré d'humidité de l'air dans son atelier est plutôt bas. Dans de telles conditions, le bois qui est un matériau hydrofuge, rejette l'humidité qu'il contient et peut en absorber à nouveau une quantité relative sans nuire à l'instrument, lorsque le degré d'humidité de l'air s'élève.

Peter Mach

La lutherie a toujours fasciné Peter Mach, mais il apprend d'abord le métier de modéliste dans son pays natal, la Tchécoslovaquie, avant de s'attaquer à la lutherie. Ce n'est que lorsqu'il émigre au Canada, en 1969, qu'il s'initie à cet art avec un compatriote archetier et luthier, Joseph Kun. En 1976, il s'inscrit à l'École internationale de

OPUS 20

Contrebasse
D'après Georges Louis Panormo
Par Peter Mach
Ottawa (Ontario)
1992
Érable et épinette de C.-B., ébène, laiton, palissandre, acier; mécanisme de tension en laiton de J.-M. Forget
Longueur totale : 188 cm; caisse : 114,5 x 70,3 cm; éclisses : 20 cm
CCECT 92-12
Étiquette : «Peter Y Mach Fatto in Aylmer, Qué. 1992». Elle est aussi signée «P.M.».

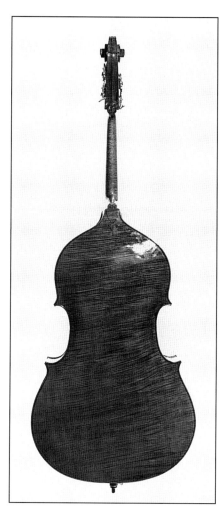

OPUS 20

Vue de dos.

lutherie de Crémone. Après avoir terminé son apprentissage, quatre ans plus tard, il ouvre son propre atelier à Aylmer où il construit et répare les instruments de la famille du violon ainsi que les archets. Plusieurs musiciens de l'Orchestre du Centre national des Arts possèdent un instrument de sa facture.

Opus 21 – Batterie de jazz

À la fin du siècle dernier, le jazz et le ragtime fleurissent; trois instruments utilisés surtout dans les fanfares militaires viennent alors constituer le noyau rythmique des orchestres populaires. Ce sont la grosse caisse, la caisse claire et les cymbales. La batterie prend lentement forme. Dans les années 1920, les batteurs empruntent au music-hall et au cirque les cloches à vache, le *woodblock*, les cymbales et les tom-tom chinois. Au cours de la même époque, apparaissent la pédale à pied «charleston» et les balais métalliques pour frapper les cymbales et la caisse claire, innovations importantes qui donnent de plus en plus de liberté de mouvement aux mains du batteur.

L'évolution de la batterie est directement liée à celle de la musique populaire. Ainsi, de nos jours, une batterie de jazz comporte habituellement une grosse caisse de petite taille, plusieurs tom-tom montés au-dessus de la grosse caisse et accordés à une hauteur déterminée, une caisse claire, des cymbales charleston actionnées par le pied gauche, des cymbales suspendues au-dessus de la grosse caisse, et un gros tom-tom posé par terre sur ses petits pieds. L'orchestre utilise également la batterie dans des pièces de George Gershwin, par exemple, et dans de nombreuses musiques de films composées entre autres par John T. Williams, que l'on connaît tout particulièrement pour la trame sonore des films de la série *Star Wars*.

La batterie de jazz que l'on voit ici a été commandée spécialement pour **Opus**.

Raymond Ayotte

Raymond Ayotte ne fabrique ses tambours que sur commande. Son atelier occupe quatre ou cinq artisans, mais ses tambours ne sont pas le résultat d'une chaîne de production à grand rendement. Il s'agit d'une petite entreprise artisanale où chacun participe chaque fois à la création d'un instrument totalement original. Lui-même batteur professionnel, Raymond Ayotte est venu à la facture instrumentale en réparant des tambours. Depuis 1983, il possède un atelier où, avec ses collaborateurs, il a mis au point une machinerie et un outillage spécialisé.

Raymond Ayotte a acquis une réputation internationale, et de nombreux orchestres symphoniques possèdent ses grosses caisses et ses caisses claires, sans compter les professionnels du jazz et du rock qui lui commandent des batteries sur mesure. Dans sa recherche constante d'un produit de meilleure qualité, Raymond Ayotte a mis au point un système de réglage de

OPUS 21

Batterie de jazz
Par Ayotte Drum Company
Vancouver (Colombie-Britannique)
1991-1992
Érable du Québec, laque, métal,
membranes de polyester
Grosse caisse : 45 x 40 cm; tom-tom :
35 x 20 cm; tom-tom : 30 x 22,5 cm;
tom-tom : 35 x 35 cm; caisse claire :
35 x 15 cm
CCECT 92-49.11-19

OPUS 22

Cymbales
Par Sabian Ltd
Meductic (Nouveau-Brunswick)
1991
Bronze
Cymbales Ride *: 52,5 cm; cymbales*
Crash *: 45 cm; cymbales* Chinese *:*
50 cm; cymbales Hi-Hat *: 35 cm*
CCECT 92-49.1-10

tension des membranes ainsi qu'un lecteur de son pour l'amplification du vibraphone, le «Ayotte Sensor System».

Opus 22 – Cymbales

La pratique de frapper ensemble deux disques de métal remonte fort loin dans le temps. Les anciennes civilisations méditerranéennes faisaient déjà usage de tels instruments. Par contre, les cymbales que nous connaissons aujourd'hui originent de Turquie au XVIIe siècle. À partir du XVIIIe siècle, elles sont utilisées dans la musique militaire européenne puis, au XIXe siècle, Berlioz les introduit dans les orchestres symphoniques. Enfin, les années 1920 les rendent indispensables au jazz et, un peu plus tard, c'est le rock qui les popularise.

C'est vers les années 1620, à Constantinople, qu'on aurait découvert un procédé pour rendre un alliage de cuivre et d'étain résistant et permettre ainsi la fabrication d'un disque très mince et de grande résonance. Ce procédé se transmit jusqu'à nos jours à travers les générations d'une même famille, la famille Zildjian, un nom qui signifie «fabricant de cymbales».

Vers la fin des années 1920, une partie de la famille émigre aux États-Unis. Le savoir-faire ancestral mis en contact avec une nouvelle musique en pleine effervescence ne pouvait que faire évoluer la facture de la cymbale. Une grande variété de cymbales firent alors leur apparition. De nos jours, une batterie peut comporter jusqu'à une douzaine de cymbales différentes.

La fonderie Sabian est héritière de ce savoir-faire; le maître facteur, Robert Zildjian, est un descendant direct de cette famille. Pour une partie de la production haut de gamme, cet atelier utilise encore la technique fort ancienne de marteler les cymbales à la main.

Sabian Ltd

La fonderie de Meductic, au Nouveau-Brunswick, porte le nom de Sabian depuis 1981. Ce nom est un acronyme fait à partir des premières lettres du prénom des trois enfants de Robert Zildjian. Propriétaire et président, ce dernier est descendant de la famille arménienne Zildjian, dont les générations successives se sont transmis le secret de la composition de l'alliage avec lequel on fabrique les cymbales. Avedis, le père de Robert, et son grand-oncle Aram émigrèrent aux États-Unis au début du siècle. En 1968, Robert Zildjian fut chargé d'ouvrir une nouvelle branche pour la compagnie américaine, et il choisit de s'installer à Meductic, petit village qu'il aimait pour y être allé plusieurs fois en voyage de pêche. En 1979, Robert et son frère Armand se partagent la compagnie, et Robert devient propriétaire de la branche canadienne. Alliant la recherche acoustique à une technologie spécialisée ainsi qu'à un savoir-faire ancestral, Sabian devient une entreprise florissante, internationalement reconnue et exportant des cymbales dans le monde entier.

Tout comme l'histoire du Canada, l'histoire de la lutherie et de la facture instrumentale canadienne est relativement courte. Nous savons que la construction d'un des premiers instruments de musique remonte au temps de la colonie. La cathédrale de Québec avait commandé un orgue au sculpteur-ébéniste, Paul Jourdain qui l'a livré en 1723. Une centaine d'années plus tard, quelques facteurs se font connaître tel Joseph Casavant, forgeron de métier et facteur d'orgues autodidacte. En 1879, ses fils, Samuel et Joseph-Claver, fonderont la Maison Casavant Frères. D'autres facteurs marqueront le XIXe siècle au Canada dont Samuel Russell Warren qui, en s'établissant à Montréal en 1836, deviendra le premier facteur d'orgues professionnel.

Quant à la lutherie, ce n'est qu'à la fin du XVIIIe siècle qu'on retrouve la trace des premiers artisans-restaurateurs d'instruments. Vers 1820, un autodidacte du nom de Pierre-Olivier Lyonnais sera le premier de quatre générations de luthiers à construire les instruments de la famille du violon. Les frères Bayeur de Montréal, suivis par Camille Couture de Montréal également, sont les premiers luthiers à connaître une réputation internationale dans les années 1920. Quelques noms brillent par leur réussite dans la première moitié de ce siècle. Mentionnons seulement George Heinl ainsi que George Kindness de Toronto, James Croft de Winnipeg et Frank Gay d'Edmonton.

La facture de pianos débute à Québec avec des artisans d'origine allemande et britannique, pour la plupart. Frederick Hund est le premier facteur de pianos exerçant son métier à Québec en 1816. Plusieurs connaîtront le succès dès la première moitié du XIXe siècle dont Thomas D. Hood. En 1851, on compte quatre facteurs de pianos à Toronto, dix à Montréal et trois à Québec. Du début de la Confédération jusqu'au début du siècle, on compte plusieurs

manufactures de pianos prospères. Mentionnons entre autres Heintzman, Mason & Risch, R.S. Williams, Willis, Lesage. Cependant, seulement quelques-unes de ces compagnies survécurent à la crise des années 30, et vers 1980 seuls les pianos Heintzman et les pianos Lesage étaient de facture canadienne.

Ce n'est que vers la fin des années 1960 que se manifeste le mouvement de renouveau dans la lutherie et la facture instrumentale, lié à l'intérêt que l'on porte à la musique ancienne. Ce mouvement entraîne la formation d'associations et d'ensembles musicaux qui joueront un rôle important dans le nouvel essor que prend la lutherie et la facture instrumentale. Quelques luthiers ont marqué les années 1970 par leur dynamisme et leur savoir-faire. Mentionnons seulement Ray Nurse, Michael Dunn et Edward Turner à Vancouver, Otto Erdesz, Jean-Claude Larrivée et Matthew Redsell à Toronto, Antoine Robichaud et Hubert Bédard à Montréal et, enfin, Joseph Kun à Ottawa. Tous ont participé à divers titres à faire renaître la facture instrumentale canadienne.

Cette partie explore tout particulièrement la facture de la guitare et du quatuor à cordes. La facture des instruments de ces deux catégories est très bien représentée dans cette section par les œuvres de douze luthiers et de quatre archetiers. Tout comme dans le chapitre précédent et dans ceux qui suivent, nous ferons quelques rappels de l'histoire de la lutherie européenne à travers les noms des luthiers qui ont inspiré les œuvres que nous présentons ici.

À l'aide d'un canif, Denis Cormier sculpte l'échancrure d'un instrument à cordes, en 1991

La guitare

Opus 23 – Guitare classique

C'est en Espagne, vers 1870, que le luthier Antonio de Torres Jurado (1817-1892) commence à fabriquer des guitares dont la taille et la forme sont, à quelques détails près, celles de la guitare moderne. Déjà vers la fin du XVIIIᵉ siècle, toujours en Espagne, Pagès, un luthier de Cadix, avait construit des guitares qui s'éloignaient de plus en plus de l'instrument baroque : les cordes avaient été ramenées à six cordes simples, les frettes de boyau étaient remplacées par des frettes de métal, et on avait commencé à expérimenter le barrage en éventail sous la table d'harmonie. À l'époque de Torres, la guitare commence à s'imposer comme instrument soliste et le grand guitariste Tárrega (1852-1909) jette les bases de l'école moderne de guitare classique. Stimulé par cette percée de la guitare, Torres y participera en construisant des guitares plus grandes et en poursuivant les expériences sur le barrage interne donnant ainsi beaucoup plus de puissance sonore à ses instruments.

La guitare présentée ici est semblable à la guitare flamenco. Elle est aux trois quarts de la dimension d'une guitare classique moderne, comme cela se fait couramment pour les instruments à cordes que l'on met entre les mains des élèves.

Jim Cameron

Jim Cameron apprit à jouer de la guitare à Ottawa et à Vancouver. Comme il avait de l'expérience en ébénisterie, il décida un jour de construire son propre instrument. Encouragé par les résultats obtenus, il poursuivit dans cette voie et, en 1970, il installa son atelier à Osgoode, en Ontario, où il put se consacrer à ses activités en lutherie.

OPUS 23

Guitare classique
Par Jim Cameron
Osgoode (Ontario)
1975
Cèdre blanc de l'est, palissandre brésilien, acajou hondurien, Purple Heart, amourette, teck, ébène, érable
Longueur totale : 92,5 cm;
caisse : 43,3 x 32,7 cm ; éclisses : 9 cm
CCECT 74-132
Étiquette : «Jim Cameron Osgoode Ont 1973»

OPUS 24

Guitare baroque
Par Michael Dunn et Ray Nurse
Vancouver (Colombie-Britannique)
1975
Épinette, mansonia, érable, parchemin,
ébène, boyau, nylon
Longueur totale : 95,5 cm; caisse :
44,5 x 24,5 cm; éclisses : 8 cm
CCECT 74-151

À droite : *les bandes alternées d'érable et*
de mansonia lui donnent un très bel effet
décoratif.

Opus 24 – Guitare baroque

Cette guitare est faite d'après un modèle tout à fait traditionnel. Le décor du dos, à bandes alternées, nous permet de dater du début du XVIIIe siècle le modèle dont se sont inspirés les luthiers. La rosace de caractère arabe est faite de sept couches superposées de parchemin finement découpé. Au bas du manche, on peut lire «M. Dunn R. Nurse 1971», ciselé sur une pièce d'ivoire.

Opus 25 et 26 – Guitares à cordes d'acier

Guitares folk à cordes d'acier destinées à accompagner la voix. Le manche à quatorze frettes est apparu vers la fin des années 1920 pour faciliter le passage du banjo à la guitare, pour les musiciens qui jouaient de ces deux instruments. Les guitares à cordes métalliques existent depuis le XVIIe siècle et, avec les six cordes actuelles, depuis le milieu du XIXe siècle, époque où la célèbre firme C.F. Martin commence à les fabriquer aux États-Unis.

Ces guitares marquent les débuts de William Laskin en tant que luthier professionnel dans les années 1970.

William Laskin

Luthier chevronné, William Laskin est également guitariste-compositeur. Ses nombreuses activités témoignent de son grand intérêt pour tout ce qui a trait à l'art de la lutherie. Il fut en charge de deux expositions importantes sur la facture instrumentale; il a donné maintes conférences et ateliers de démonstrations et il est l'auteur d'un livre sur les facteurs d'instruments de la région torontoise *The World of Musical Instrument Makers: A Guided Tour*. Il est également directeur de l'Associated String Instrument Artisans. En 1971, alors âgé de 18 ans, il rencontre le luthier Jean-Claude Larrivée qui accepte de le prendre comme apprenti dans son atelier. Il consacrera tout son temps à cette nouvelle passion et ouvrira son atelier deux ans plus tard. Aujourd'hui, plus de 450 instruments portent sa signature. Sa production comprend des guitares acoustiques, classiques et flamencos ainsi que des instruments de la famille des mandolines. Plusieurs de ses instruments sont entre les mains de musiciens renommés. William Laskin est reconnu également pour le travail de marqueterie et d'incrustations élaborées qui ornent ses guitares.

OPUS 25 et 26

Guitares à cordes d'acier
Par William Laskin
Toronto (Ontario)
1973
Palissandre, cèdre, érable canadien, épinette, ormeau, houx, acajou hondurien, métal, ivoire, ébène, acier
Longueur totale : 105,5 cm; caisse : 50 x 40 cm; éclisses : 10,5 cm
CCECT 74-129.1-2
CCECT 74-130.1-2
Étiquettes : «William Laskin luthier Toronto 75». Elles sont signées «Grit Laskin».

Opus 27 – Guitare à cordes d'acier, à éclisse dégagée

L'expression «à éclisse dégagée» se dit des guitares dont la caisse de résonance présente, sous la jonction du manche, une courbe qui permet à la main gauche du guitariste d'atteindre sans difficulté les notes aiguës sur la touche. L'usage de cette forme ne se répand qu'après la Seconde Guerre mondiale. Pourtant, déjà vers la fin des années 1920, l'éclisse dégagée est un trait distinctif des fameuses guitares construites par Mario Maccaferri. Il semble que ce soit en 1918 que la compagnie américaine Gibson offrit le premier modèle de guitare acoustique dont les éclisses, légèrement dégagées, annonçaient le *Cutaway*. Au XIXe siècle, de telles expériences avaient été faites sur des guitares classiques, mais sans jamais avoir été réellement adoptées.

À remarquer, la très belle facture de cette guitare et sa décoration. William Laskin s'est inspiré du conte de Grimm «Rapunzel» pour décorer le manche de cette guitare. La belle Rapunzel laisse pendre ses cheveux le long de la touche pour permettre à son amant de la rejoindre en s'aidant des frettes de la guitare. Cette illustration représente symboliquement la devise du luthier «Reach for the top». Elle est superbement rendue par la finesse des incrustations dont Laskin a fait son image de marque.

OPUS 27

**Guitare à cordes d'acier,
à éclisse dégagée**
Par William Laskin
Toronto (Ontario)
1991
Épinette, érable, palissandre, ébène
Incrustations : ormeau, cuivre, nacre dorée,
argent, ivoire, érable, frêne, noyer, acier
Longueur totale : 105 cm;
caisse : 51 x 40,5 cm; éclisses : 11 cm
CCECT 91-21.1-2

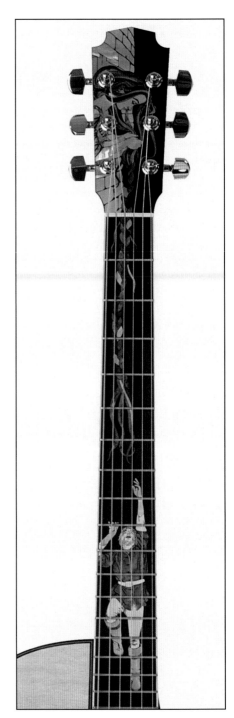

Manche de guitare orné d'incrustations très fines, image de marque de William Laskin.

Opus 28 – Guitare à cordes d'acier, à éclisse dégagée

Mario Maccaferri, un Italien né en 1899, était guitariste classique, luthier et ingénieur. Dans les années 1920, il dessina et produisit, pour une firme française, une des guitares à table voûtée les plus prisées pour sa qualité et son volume sonore. La guitare Maccaferri est associée au célèbre guitariste Django Reinhardt qui l'avait adoptée. En plus de la forme de sa rosace en D, de ses éclisses dégagées et de son mécanisme de clés perfectionné qui la caractérisent, cette guitare possède une seconde caisse de résonance construite à l'intérieur, ce qui augmente de façon équilibrée le volume de toutes les notes.

Tout en se basant sur le modèle Maccaferri pour construire cette guitare, Michael Dunn a apporté des modifications au design original, poursuivant ainsi sa recherche de volume et de puissance sonore maximum. La coquille, faite de bandes alternées de houx et d'ébène, permet de projeter en avant les hautes fréquences, résultant en un volume sonore plus grand, en une guitare plus «orchestrale», selon les termes mêmes de Michael Dunn. Le mécanisme de tension est du type Minis de Grover. Comme tous les instruments fabriqués par Michael Dunn, cette guitare est de très belle facture. Elle porte le numéro 244.

OPUS 28

Guitare à cordes d'acier, à éclisse dégagée
D'après Mario Maccaferri
Par Michael Dunn
Vancouver (Colombie-Britannique)
1991
Thuya géant, palissandre brésilien, acajou hondurien, ébène, cèdre jaune, sabina, houx, sycomore, laiton, acier
Longueur totale: 101 cm;
caisse : 46,8 x 41 cm; éclisses : 10,5 cm
CCECT 91-463.1-3

Michael Dunn donnant un cours de lutherie au Douglas College de Vancouver, en 1990.

Opus 29 – Guitare à cordes d'acier, à éclisse dégagée

Cette guitare rappelle par certains aspects le design des guitares de Mario Maccaferri à la fin des années 1920, tout particulièrement par la forme en D de la rosace ainsi que par la forme que le luthier a donnée au dégagement de l'éclisse. Le chevalet ajustable est caractéristique de certaines guitares à table voûtée, il fut inventé par Lloyd Loar qui travailla pour la célèbre compagnie américaine Gibson à partir de 1920. Cette guitare appartenait en propre à Frank Gay.

Frank Gay

Né en Saskatchewan en 1920 de parents francophones, Frank Gay fut guitariste, luthier, compositeur et même luthiste. Il étudie la guitare à la New York School of Music ainsi qu'à Toronto avec Norman Chapman. Interprète polyvalent, il passe aisément du jazz au country, du flamenco au classique. Il poursuit son apprentissage à la R.S. William & Co., un des grands ateliers canadiens de l'époque. C'est en 1953 qu'il ouvre son propre atelier à Edmonton. Ses guitares acoustiques à cordes d'acier sont prisées par les musiciens. Les grands de la musique country comme Johnny Cash, Don Gibson et Hank Snow possédèrent de ses guitares. Ses guitares classiques sont appréciées de guitaristes renommés comme Montoya et Alirio Diaz qui comptent parmi ses clients. La production de Frank Gay comprend également des guitares folk et Renaissance, des luths, des mandolines et des banjos. Toujours très actif dans le monde de la musique, il fonde, en 1959, une société de guitare classique, une des premières de l'Ouest canadien. Frank Gay est reconnu comme un artisan innovateur et important dans l'histoire de la lutherie canadienne.

Opus 30 – Guitare flamenco

À la différence de la guitare classique, la guitare flamenco conserve souvent les anciennes chevilles de bois, et les cordes sont beaucoup plus

OPUS 29

Guitare à cordes d'acier, à éclisse dégagée
Par Frank Gay
Edmonton (Alberta)
1972
Épinette, palissandre, acajou hondurien, acier chromé, ivoire, nacre, ébène, acier
Longueur totale : 98,5 cm;
caisse : 47 x 41,5 cm; éclisses : 10,4 cm
CCECT 91-554
Étiquette : «Frank Gay Custom Made Guitars 10718, 97 Street Edmonton Alberta Model MCB 1972 FGK 1772»

proches des frettes pour faciliter les passages rapides. Elle est de construction plus légère que la guitare classique, pour accommoder le guitariste flamenco qui tient la guitare presque à la verticale sur sa cuisse droite.

La rosace de cette guitare a été conçue et réalisée par le luthier lui-même. Une pièce en ivoire ciselé orne le chevalet. Le dos de la guitare est en trois parties.

Oskar Graf

Né en Allemagne en 1944, Oskar Graf apprend à Berlin le métier d'ébéniste ainsi que le design de meubles et autres produits commerciaux. Après avoir émigré au Canada en 1968, il commence à s'intéresser à la lutherie et, en 1970, il commence la construction d'instruments simples associés à la musique traditionnelle, comme le dulcimer des Appalaches et ensuite, le banjo, le tympanon et la mandoline-banjo. C'est en 1973 qu'il construit ses premières guitares classiques et à cordes d'acier. Il y consacre les années qui suivent et, en 1980, il ajoute à son répertoire la construction du luth. Il fait également de la réparation et de la restauration d'instruments lorsqu'il s'installe à Kingston entre 1982 et 1985.

Venu à la lutherie par l'ébénisterie, profession qui a beaucoup de points communs avec cet art, Oskar Graf n'en poursuit pas moins son apprentissage de luthier en visitant les musées européens, les ateliers de luthiers de renom et en participant à des ateliers avec des maîtres européens comme

OPUS 50

Guitare flamenco
Par Oskar Graf
Clarendon (Ontario)
1981
Cerisier, cèdre, ébène, palissandre indien, nacre, ivoire, nylon
Longueur totale : 99,5 cm;
caisse : 48,5 x 36,5 cm; éclisses : 9,5 cm
CCECT 83-766
Don de la Fondation Massey
Étiquette : «Oskar Graf '81 Clarendon Ontario». Elle est aussi signée «Oskar Graf».

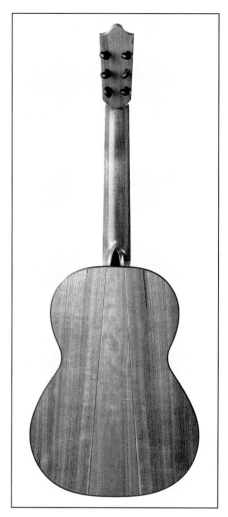

La photo nous permet de bien distinguer les trois sections qui forment le dos.

José Romallinos, par exemple. Son atelier est situé à Clarendon, en Ontario.

Opus 31 – Guitare à cordes d'acier, à éclisse dégagée

Jean-Claude Larrivée a réalisé le design Cutaway Presentation de cette guitare qui comporte les caractéristiques de son modèle Larrivée Body. Ce modèle se distingue par des hanches plus larges et des éclisses légèrement plus étroites que la guitare de type «Dreadnought». Elle a un son puissant et bien balancé. Cette guitare a été construite pour l'exposition **Opus** et comporte des incrustations au design original.

Jean-Claude Larrivée

Originaire de Montréal, c'est à Toronto, vers le milieu des années 1960, que Jean-Claude Larrivée apprend la guitare au Royal Conservatory of Music of Toronto ainsi que la lutherie avec Edgar Münch. Après quelque cinq ans et demi d'apprentissage intermittent, il ouvre son propre atelier à Toronto en 1968, à la suite d'un séjour à New York où il travaille avec Manuel Valasquez. Dès cette époque, il construit une trentaine de guitares par année et il a une influence importante sur le développement de la facture de guitares à Toronto. Parmi ses apprentis, il comptera plusieurs luthiers dont les noms sont reconnus aujourd'hui pour la qualité de leur production. En 1977, il déménage à Victoria et, au début des années 1980, il s'établira enfin à North Vancouver dans son atelier actuel.

Après avoir visité maints ateliers où la production se fait en série et après avoir étudié les méthodes de contrôle de la qualité, Jean-Claude Larrivée organise ses ateliers afin d'augmenter sa production. Ses quelque douze ouvriers travaillent entièrement à la main et Jean-Claude Larrivée est convaincu que le produit qui sort de ses ateliers est supérieur. Selon lui, un ouvrier qui est spécialisé dans une étape de la production devient le meilleur de tous dans ce qu'il fait. Une grande partie de sa clientèle provient de l'Europe, du Japon et de l'Australie. Parmi ses clients, il compte des guitaristes connus comme Bruce Cockburn et Eugene Martynec.

OPUS 31

Guitare à cordes d'acier, à éclisse dégagée
Par Jean-Claude Larrivée
North Vancouver (Colombie-Britannique)
1991
Épinette de Colombie-Britannique,
palissandre et ébène de l'Inde, acajou
hondurien, acier
Incrustations : ormeau, nacre, argent
Longueur totale : 103,5 cm; caisse :
50,5 x 40,5 cm; éclisses : 11 cm
CCECT 92-14.1-2

Opus 32 – Guitare classique

Le modèle Passacaille se distingue par l'élégance qui se dégage de sa forme et de ses matériaux. Neil Hebert a su très bien utiliser l'érable, dont il a souligné le blond très clair par des filets d'ornement en ébène. La table est en épinette. Le mécanisme de tension des cordes en bronze est de I. Sloane.

Bien que la guitare classique soit arrivée, dans son évolution, à une certaine normalisation de ses divers paramètres, plusieurs luthiers continuent à en améliorer la facture. Ainsi, les guitares de Neil Hebert présentent certains traits distinctifs comme le barrage de la table d'harmonie et la forme du chevalet que l'artisan a conçus pour obtenir un rendement plus fidèle à la sonorité qu'il recherche et à la qualité de l'ensemble de la facture.

Neil Hebert

Neil Hebert, un luthier montréalais, se spécialise dans la fabrication de la guitare classique depuis plus de 15 ans. Ingénieur de formation, il allie l'art de la lutherie à la rigueur de la science. Ainsi procède-t-il à des analyses spectrographiques de ses guitares à l'aide d'un logiciel spécialement conçu à cet effet. Cette analyse détermine les qualités acoustiques de l'instrument. À l'origine de son intérêt pour la lutherie, se trouve d'abord l'amour de la musique qui le pousse à prendre des cours de guitare pendant plusieurs années. S'y ajoutent une certaine frustration de ne pouvoir trouver un

OPUS 32

Guitare classique
Par Neil Hebert
Montréal (Québec)
1991
Épinette de Colombie-Britannique, érable veiné de l'Ontario, ébène, bronze, nylon
Longueur totale : 99,5 cm;
caisse : 48 x 36,8 cm; éclisses : 9,5 cm
CCECT 91-544
Étiquette : «Neil Hebert Montreal nº 166 1989». Elle est aussi signée «Neil Hebert».

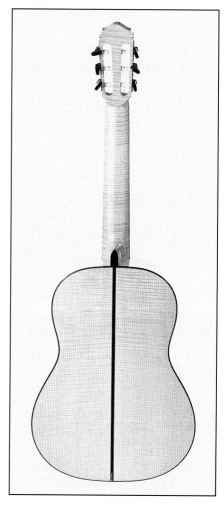

Le luthier n'a utilisé que des bois indigènes, à l'exception de l'ébène qui souligne ici la blondeur de l'érable veiné.

instrument à son goût ainsi que l'attrait du travail manuel. Abordant le métier en autodidacte, Neil Hebert commence à l'exercer professionnellement en 1975. À ce jour, il a construit près de 160 guitares et des musiciens professionnels européens et d'Amérique du Nord composent sa clientèle. Neil Hebert a donné des ateliers de lutherie pour l'École de lutherie artistique du Noroît (ÉLAN) à Québec; ces ateliers portaient sur la construction de la guitare, sur l'acoustique et sur l'utilisation de l'ordinateur dans la fabrication des instruments.

Ivo Loerakker à son atelier de Saint-Berthélemy, en 1990.

Le quatuor à cordes

Opus 33 – Violon

Au cours du XVIᵉ siècle, le violon atteint la forme qui le caractérise, et il a déjà une grande réputation à la fin du même siècle. La facture du violon atteint cependant son apogée entre 1650 et 1750 à Crémone dans le nord de l'Italie où Stradivari et d'autres luthiers fameux ont leur atelier. Ces luthiers renommés construisent donc, en fait, ce que nous appelons le «violon baroque». Les modifications apportées au violon vers la fin du XVIIIᵉ et au début du XIXᵉ siècle lui ont assuré une puissance et une brillance lui permettant d'être une vedette dans des salles de concert toujours plus grandes. Ces modifications se situent notamment dans le manche qui est plus long, enclavé dans le tasseau et renversé. De plus, la touche est plus longue, le chevalet plus haut, le cordier comporte des tendeurs et le violon se joue avec une mentonnière qui n'existait pas à l'époque du violon baroque. Toutes ces modifications ont, d'une part, rendu possibles des attaques et des coups d'archet plus vigoureux et, d'autre part, donné une meilleure résistance à la corde sous la pression de l'archet. Malgré ces modifications de facture, la caisse, elle, est demeurée inchangée.

Ce violon-ci, de facture très soignée, est un violon moderne de

OPUS 33

Violon
D'après Antonio Stradivari
Par Ivo Loerakker
Saint-Barthélemy (Québec)
1991
Sapin du Tyrol, épinette, érable de Yougoslavie, acier
Longueur totale : 58,5 cm;
caisse : 35,2 x 20,4 cm; éclisses : 3,1 cm
CCECT 91-431
Étiquette : «Ivo Johannes Loerakker fecit St-Barthélemy, Québec A.D. 1991»

Vue de dos.

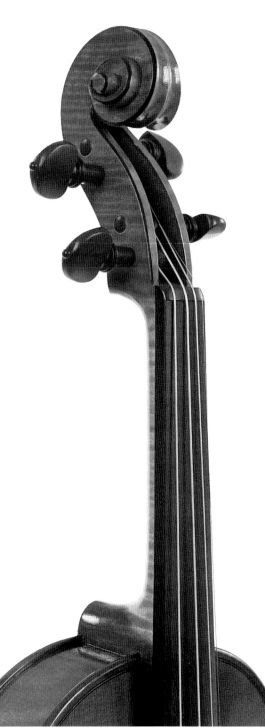

modèle Stradivari. Le vernis est de couleur ambre clair, la volute est cernée de noir ainsi que le chevillier et l'arrête des éclisses.

Ivo Loerakker

Né à Haarlem, en Hollande, Ivo Loerakker est fils de luthier. C'est donc tout jeune qu'il entre en contact avec le monde de la lutherie; il construit son premier violon à l'âge de onze ans. Il poursuit son apprentissage à l'école de lutherie de Mittenwald, en Allemagne. En 1974, alors qu'il vient de terminer ses études dans cette prestigieuse école, il reçoit une invitation à se joindre au luthier Claude Fougerolle, installé à Montréal. Trois ans plus tard, Ivo Loerakker ouvre son propre atelier de réparation et de facture de violons, d'altos et de violoncelles. Son atelier se trouve maintenant à Saint-Barthélemy où il s'est installé depuis 1982. Ivo Loerakker est membre de l'American Federation of Violin and Bow Makers Inc.

La volute des violons épouse les proportions de la volute ionique de la Grèce classique.

Opus 34 – Violon

Dernier membre d'une famille de luthiers de Crémone, Bartolomeo Giuseppe Guarneri (1698 - 1744), connu sous le nom de Giuseppe del Gesù, en est également le plus illustre. La renommée de ses violons est sans conteste égale à celle des instruments de Stradivari. Guarneri a certainement été influencé par ce dernier, mais il l'a également été par la prestigieuse lutherie de la ville de Brescia dont la facture des instruments réunit les deux grandes traditions de lutherie italienne de l'époque baroque. On le surnomma «del Gesù» en raison des étiquettes de ses violons sur lesquelles se trouvent toujours le monogramme IHS (*Jesu Hominum Salvator*) ainsi qu'une croix romaine.

John Newton

Luthier de la région torontoise, John Newton se consacre entièrement à son art depuis une dizaine d'années. Il dit avoir développé son habileté manuelle en construisant des modèles à échelle réduite et en dessinant. Il commence à jouer du violon vers l'âge de quinze ans et l'amour qu'il porte à la musique pour instruments à cordes l'amène à la lutherie. Il construit seul cinq violons, puis il décide fermement de devenir luthier professionnel. Il rencontre le luthier d'origine roumaine, Otto Erdész, qui s'était installé au Canada après avoir vécu 17 ans à New York. Ce maître de l'alto accepte de prendre John Newton comme apprenti. À travers son apprentissage qui se poursuit de façon informelle, il approfondit tous les aspects de la lutherie, de la sélection des matériaux au réglage final en passant par le design, le travail du bois et le vernis.

Il construit plusieurs violons et altos sous la direction de ce maître et devient son assistant. En 1981, il reçoit une bourse du Conseil des arts du Canada lui permettant de continuer ses études et de débuter sa carrière de luthier professionnel. Les instruments de John Newton, une centaine à ce jour, sont très bien accueillis dans le milieu des musiciens professionnels. On les retrouve dans plusieurs orchestres importants comme le Toronto Symphony Orchestra, le Canadian Opera Company Orchestra, l'Ensemble Amadeus. John déclare être fasciné et inspiré par les exigences du métier, à savoir l'équilibre à maintenir entre la dextérité manuelle, la compréhension musicale et l'expression artistique; le respect envers une tradition ancienne tout en étant à l'écoute des besoins pratiques des musiciens contemporains; le défi de produire des instruments d'une qualité égale en tenant compte des multiples variables des matériaux naturels.

Opus 35 – Alto

L'alto n'a que très rarement joui de la considération dont on entoure le violon, mais pourtant les compositeurs ont peu à peu découvert la richesse de sa sonorité chaude, voilée, sombre, et veloutée.

OPUS 34

Violon
D'après Giuseppe Guarneri
Par John Newton
Desboro (Ontario)
1991
Érable, épinette, acier
Longueur totale : 59 cm; caisse :
35,5 x 20 cm; éclisses : 5 cm
CCECT 92-13.1-2

La brillance du violon provient de son rapport parfait entre sa tessiture et ses dimensions. Si on transposait proportionnellement ce rapport à l'alto, on obtiendrait un instrument trop grand et difficile à jouer. En «trichant» un peu sur ce rapport, le luthier obtient ainsi un instrument dont l'imperfection structurelle et acoustique lui donne sa sonorité et sa personnalité propres.

L'alto se développe dans le nord de l'Italie et, vers 1535, il est déjà un membre bien établi de la famille du violon. Utilisé pour jouer les parties médianes dans les ensembles, l'alto a pour rôle principal de compléter l'harmonie. Ce n'est que vers le milieu du XVIIIe siècle que ses possibilités de soliste seront reconnues.

L'alto trouve une place importante dans la musique de chambre, tout spécialement dans les quatuors à cordes. Le quatuor atteint, avec Haydn, Mozart puis Beethoven, une perfection qui en fait le genre le plus important dans la musique de chambre classique. Au fil de l'évolution de cette musique, on accordera une importance égale aux quatre voix, et l'alto avec le violoncelle dialogueront sur un pied d'égalité avec les deux violons. Lorsque Mozart et Haydn avec leurs collègues Dittersdorf et Vanhal se plaisaient à jouer en quatuor, c'est Mozart qui tenait la partie d'alto.

David Prentice

En 1980, David Prentice, violoniste, cherche un violon de meilleure qualité et hésite devant le prix. Il décide alors de se lancer dans l'aventure de la lutherie. Ce travail manuel lui fait retrouver, avoue-t-il, l'attrait qu'exerçaient sur lui la construction de modèles à échelle réduite et le jeu de Meccano de son enfance. Il tente de puiser les informations nécessaires à la construction dans les livres, mais ceux-ci le laissent plutôt perplexe. Il rencontre le luthier Joseph Curtin qui lui prodigue de nombreux renseignements. Il commence la construction de son premier violon en s'inscrivant à un cours de lutherie donné par le luthier Phillip Davis au Ontario College of Art. Son premier instrument lui plaît assez pour qu'il décide de continuer dans cette voie.

Durant les premières années, il construit des violons et des altos; il reçoit alors aide et conseils des luthiers John Newton et Joseph Curtin. David Prentice se spécialise ensuite dans la fabrication de l'alto, il apprécie particulièrement la liberté que lui laisse cette facture moins normalisée dans les dimensions et le design que celle du violon. Construisant un instrument à la fois, il trouve dans son travail quotidien un équilibre entre l'aspect technique et l'aspect sculptural et créatif. Sa clientèle se compose d'étudiants avancés et de musiciens professionnels. Ses instruments se retrouvent dans plusieurs orchestres symphoniques et quatuors à cordes à travers le Canada et les États-Unis.

En 1990, il reçoit une bourse du Conseil des arts du Canada. David Prentice exprime ainsi sa fascination pour le son de l'instrument en devenir : «Le son représente pour moi l'aspect le plus fascinant de la lutherie.

OPUS 35

Alto
D'après l'école de Brescia
Par David Prentice
Flesherton (Ontario)
1991
Érable de l'Ontario, épinette, acier, ébène
Longueur totale : 68 cm; caisse :
41 x 24,5 cm; éclisses : 3,8 cm
CCECT 92-9.1-2

Comment atteindre constamment un son de bonne qualité? Comment en maximiser la puissance? Comment atteindre différentes couleurs? Toutes ces questions trouvent leurs réponses dans tellement d'éléments différents qui vont de la qualité du bois à la courbure des voûtes, au vernis et à l'assemblage. Le son est l'élément qui élève un travail d'ébénisterie de qualité à un art, l'art de la production du son.»

Opus 36 – Violoncelle

Crémone, Brescia, Bologne, Milan, Andrea Amati, Gasparo da Salo, Andrea Guarneri, Francesco Ruggeri... tout comme les autres membres de la famille du violon, le violoncelle se développe en Italie du Nord, grâce au travail de nombreux luthiers. L'instrument apparaît vers le début du XVIe siècle, tandis que le terme «violoncelle» ne sera en usage qu'un siècle plus tard pour remplacer le terme «basse de violon».

Un instrument voit le plus souvent sa facture se développer en même temps que son rôle musical. C'est à la fin du XVIIe siècle que le violoncelle se verra confier le rôle d'instrument soliste. On écrira pour lui des sonates et des concertos. À la fin du XVIIIe siècle, c'est Boccherini, compositeur et violoncelliste virtuose qui, dans ses œuvres et ses concerts, mettra l'instrument en vedette.

Jean-Benoît Stensland s'est inspiré du modèle Piatti d'Antonio Stradivari pour construire cet instrument de très belle facture au vernis brun-rouge sur fond or.

Jean-Benoît Stensland

Jean-Benoît Stensland a derrière lui une solide formation de luthier. Il a entrepris son apprentissage en 1976, à Montréal, chez le luthier Jules Saint-Michel, puis chez Antoine Robichaud. Il y apprend les rudiments de la lutherie, se familiarise avec la restauration de tous les instruments à

OPUS 36

Violoncelle
D'après le modèle Piatti d'Antonio Stradivari
Par Jean-Benoît Stensland
Montréal (Québec)
1992
Érable de Yougoslavie, sapin du Tyrol, ébène, acier
Longueur totale : 122,5 cm; caisse : 76 x 44,5 cm; éclisses : 12,5 cm
CCECT 92-46
Étiquette : «J.B. Stensland Luthier Montréal 1991»

cordes en travaillant ensuite chez Peate Musical Supplies de Montréal. Ces différents acquis lui permettent, en 1980, d'obtenir une bourse du Conseil des arts du Canada pour aller étudier, pendant quatre ans, à l'École internationale de lutherie de Crémone, en Italie. En 1984, il reçoit son diplôme et, la même année, il participe au concours international de lutherie de la Violin Society of America où un certificat de mérite lui sera décerné pour un de ses violons. De retour au pays, Jean-Benoît Stensland ouvre un atelier avec le luthier Thérèse Girard. Ils développent ensemble des techniques personnelles, s'inspirant à la fois des écoles italiennes et françaises, ce qui leur permet de travailler à un certain idéal sonore tout en valorisant fortement l'aspect esthétique de l'instrument.

Jusqu'à présent, Jean-Benoît Stensland a fabriqué une soixantaine d'instruments dont certains sont entre les mains de musiciens de l'Orchestre symphonique de Montréal, de l'ensemble I Musici et de l'Orchestre métropolitain.

Opus 37 – Archet de violon

L'archet, cet outil qui passe presque inaperçu à côté de l'instrument dont il frotte les cordes est en fait aussi délicat à fabriquer que l'instrument lui-même. La facture d'archet est donc un métier d'art au même titre que toute autre facture d'instrument.

L'origine de l'archet est obscure. Il semble qu'il provienne de l'Asie centrale. Al-Farabi,

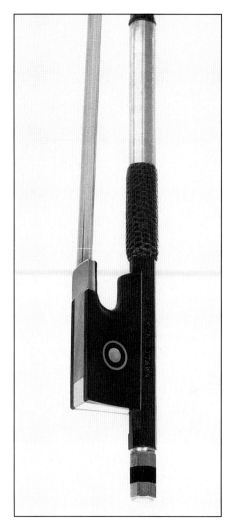

OPUS 37

Archet de violon
Par Joseph Kun
Ottawa (Ontario)
Vers 1982
Pernambouc, ébène, argent, nacre, cuir, crin de cheval
74,5 cm
CCECT 83-720
Don de la Fondation Massey
Marque au fer : «Jos Kun Ottawa»

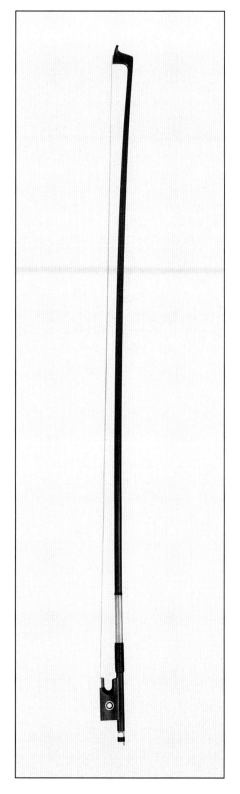

théoricien et savant de Bagdad, publie au Xe siècle un traité sur le *rebab* (violon arabe) qui nous donne la preuve que l'on connaît déjà l'archet à cette époque. C'est d'ailleurs vers la même époque que l'archet est introduit en Europe en provenance des pays arabes et byzantins.

L'archet moderne se développe progressivement à partir du milieu du XVIIIe siècle. Il se différencie de ses précurseurs par sa courbe légèrement concave qui lui donne beaucoup de force et de précision. C'est vers 1780 que l'archetier François Tourte (1747-1835) de Paris met au point cet archet qui, à peu de détails près, est encore utilisé de nos jours.

La mèche de l'archet est faite de crins de cheval qui peuvent être au nombre de deux cents sur un archet moderne. Pour que les crins adhèrent bien aux cordes, on les enduit d'une résine solide qui vient de la distillation de la térébenthine et que l'on nomme «colophane» ou «arcanson».

La baguette de cet archet est octogonale et la garniture est faite de fil d'argent; la hausse en ébène est ornée de nacre et d'argent. La plaque de la tête est en argent.

Joseph Kun

Joseph Kun apprit la lutherie dans son pays d'origine la Tchécoslovaquie. Depuis qu'il s'est établi au Canada, en 1968, il s'est mérité une réputation mondiale dans la facture d'archets pour les instruments de la famille du violon. Joseph Kun pratique la lutherie de même que la facture d'archet. Il fabrique violons, altos et violoncelles et il a acquis une grande renommée pour son travail de réparation et de restauration. Des guarnerius, stradivarius et autres instruments de grande valeur trouvent fréquemment le chemin de son atelier pour des réparations délicates. Joseph Kun est membre de l'American Federation of Violin and Bow Makers Inc. Ses archets lui ont mérité de nombreux honneurs dans des concours internationaux.

Opus 38 – Archet de violon

Cet archet est un bel exemple d'archet français d'après François Tourte. La baguette est octogonale, et, sur la tête de l'archet, la plaque est en ivoire de morse. La hausse et le bouton sont ornés de nacre et d'argent.

Reid Hudson

Originaire de Toronto, Reid Hudson étudie la contrebasse avant de s'intéresser à la facture d'archet. C'est vers le milieu des années 1970 qu'il commence son apprentissage avec le célèbre archetier Joseph Kun d'Ottawa, et il ouvre son propre atelier en 1977. Depuis 1980, Reid Hudson habite sur l'île de Vancouver où il continue de se consacrer à cet art. Il a reçu plusieurs premiers prix dans des concours américains et canadiens pour la qualité de ses archets. À l'invitation du Conseil des arts

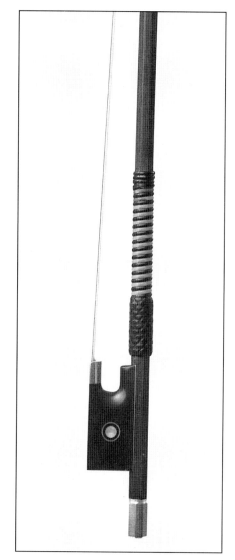

OPUS 38

Archet de violon
D'après François Tourte
Par Reid Hudson
Duncan (Colombie-Britannique)
1990
Pernambouc, argent, crin de cheval, ivoire de morse, nacre, ébène, fanon de baleine synthétique, peau de serpent
74,6 cm
CCECT 90-496
Marque au poinçon : «Reid Hudson»

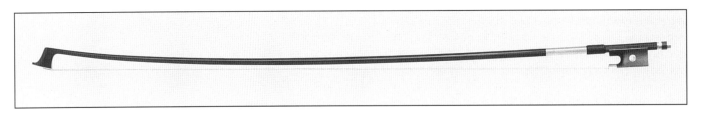

du Canada, il participe, comme membre du jury, à l'octroi des bourses aux luthiers et facteurs d'instruments.

Opus 39 – Archet d'alto

Cet archet a été conçu pour accompagner l'alto du luthier David Prentice. La baguette est ronde, et le bouton en ébène et argent; la hausse en ébène est ornée d'un grain de nacre.

François Malo

Violoncelliste de formation, François Malo explique son entrée dans le monde de la facture d'archet par cette phrase : «Un musicien curieux, voilà ce que j'étais.» Cette curiosité l'amène à prendre des cours avec l'archetier strasbourgeois, Yves Matter, résidant à Québec. Après une année, il décide d'approfondir ses connaissances en France. Trouver un maître est chose difficile dans le monde fermé de la facture d'archet. Pourtant, en se présentant avec ses archets sous le bras, François Malo réussit à se faire accepter comme apprenti chez plus d'un maître archetier. Par trois fois, il obtiendra une bourse du Conseil des arts du Canada qui lui permettra d'aller étudier avec Gilles Duhaut à Mirecourt, capitale de la lutherie française, avec William Salchow à New York et, enfin, avec le renommé Stéphane Thomachot à Paris. François Malo a construit à ce jour près de 300 archets. Sa clientèle se compose de musiciens des grands orchestres canadiens et américains comme ceux de Toronto, Montréal, Winnipeg, New York, Philadelphie, Cleveland, pour n'en nommer que quelques-uns.

Opus 40 – Archet de violoncelle

Le modèle de cet archet et sa décoration ont été conçus par Thérèse Girard. À remarquer le beau travail d'orfèvrerie de la hausse et du bouton décorés d'argent ciselé.

Thérèse Girard

Thérèse Girard, altiste de formation, débute son apprentissage en lutherie chez Jules Saint-Michel, à Montréal. Elle travaille à cet atelier pendant trois ans et y construit son premier violon. En 1980, elle reçoit une bourse du Conseil des arts du Canada pour étudier, pendant quatre ans, à l'École internationale de lutherie de Crémone, en Italie. Elle y ap-

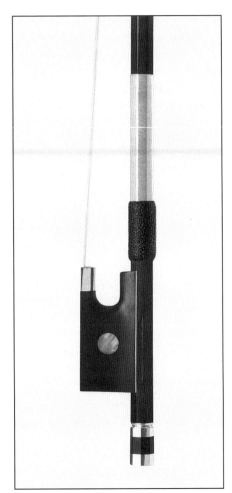

OPUS 39

Archet d'alto
Par François Malo
Montréal (Québec)
1992
Pernambouc, ébène, argent, nacre, os, cuir,
crin de cheval
75 cm
CCECT 92-16
Marque au fer : «F Malo à Montréal»

prend la fabrication des instruments de la famille du violon, les techniques de fabrication baroque, la restauration, la fabrication et l'application des vernis, l'histoire de la lutherie et des différentes écoles de lutherie. Durant ce séjour en Italie, elle suit également un cours de deux ans en facture d'archet. En plus de la fabrication et de la restauration des archets modernes et baroques, elle se spécialise dans la ciselure des hausses et des boutons d'archets, technique qu'elle acquiert auprès d'un maître joaillier. C'est de retour à Montréal, en 1984, que Thérèse Girard ouvre son atelier, et travaille en collaboration avec Jean-Benoît Stensland. Ils ont une clientèle d'étudiants avancés, de musiciens professionnels et de solistes appartenant à divers orchestres ou facultés de musique de la région de Montréal et de l'extérieur.

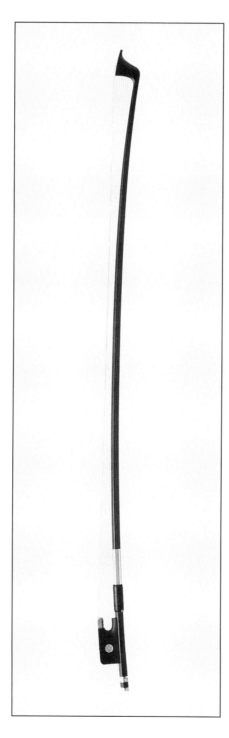

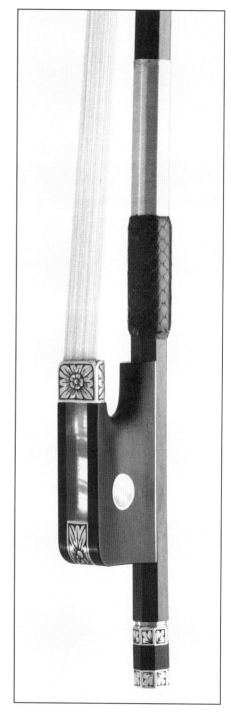

OPUS 40

Archet de violoncelle
Par Thérèse Girard
Montréal (Québec)
1991
Pernambouc, ébène, nacre, argent, fil d'argent, ivoire, peau de serpent, crin de cheval
72 cm
CCECT 92-45

La flûte traversière

Opus 41 – Flûte traversière baroque

L a facture de la flûte traversière se développe considérablement à l'époque baroque. Dès la fin du XVIIe siècle, on commence à la fabriquer en trois sections; elle a maintenant une clef et sa perce devient cylindro-conique. Tout comme pour la flûte à bec, ces changements sont fort probablement l'œuvre de la famille Hotteterre, facteurs français de la cour de Louis XIV. Grâce à ces innovations, les musiciens peuvent accorder l'instrument et les facteurs contrôlent plus facilement la précision de la perce.

Le XVIIIe siècle marque une étape importante pour la flûte traversière. On la construit en quatre sections et on lui ajoute des clefs. On fabrique des corps de différentes longueurs qui permettent à l'exécutant d'accorder sa flûte selon les diapasons de chaque ville ou selon ceux en usage dans la musique de chambre, d'église ou à l'Opéra. Dans ce siècle de transition entre l'ère baroque et l'ère classique, la flûte traversière atteint une grande popularité et les virtuoses se produisent en concerts publics, formule nouvelle qui allait devenir une pratique courante par la suite.

Peter Noy

Peter Noy est facteur de flûtes depuis plus de dix ans. Dans son atelier torontois, ouvert en 1988, il se spécialise dans la fabrication des flûtes à bec et des flûtes traversières anciennes, et il s'occupe de la réparation d'instruments à vent modernes en bois.

Flûtiste et amateur de musique ancienne, la curiosité le pousse à explorer la facture des flûtes qu'il aborde en autodidacte. Il poursuit ses recherches en étudiant la fabrication de divers modèles anciens, et un emploi chez Gary Armstrong Woodwinds lui permet d'acquérir une solide expérience dans la réparation d'instruments à vent. Récipiendaire de plusieurs bourses du Conseil des arts du Canada et du Conseil des arts de l'Ontario, il peut poursuivre des recherches sur les instruments historiques d'une douzaine de collections

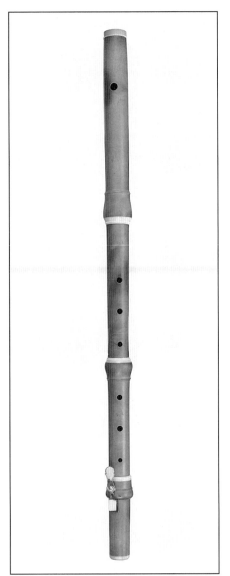

OPUS 41

Flûte traversière baroque
D'après Jacob Denner
Par Peter Noy
Toronto (Ontario)
1992
Buis, os, argent
62,3 cm
CCECT 92-136
Marque au fer : logo suivi de «Noy»

Peter Noy travaillant au tour.

européennes. Il a participé à de nombreuses expositions ainsi qu'à maintes foires internationales, en Amérique et en Europe.

Opus 42 – Flûte traversière baroque

Jean-François Beaudin a construit cet instrument d'après une flûte de Johann Joachim Quantz (1697-1773) qui se trouve dans la collection Miller de la bibliothèque du Congrès à Washington. Quantz, un flûtiste, compositeur et théoricien allemand, enseigna la flûte à Frédéric II le Grand de Prusse, entre autres. Son traité sur la flûte *Versuch einer Anweisung die Flote traversiere zu spielen* (Sur le jeu de la flûte traversière), publié à Berlin en 1752, constitue une des sources d'information les plus riches sur la pratique instrumentale de cette époque. Les flûtes de Quantz diffèrent surtout des flûtes plus anciennes de Hotteterre par leur facture en quatre sections, par l'ajout d'une deuxième clef et d'une coulisse intérieure située entre la tête et le corps qui permettent d'abaisser le diapason sans défaire l'équilibre de l'accord.

Quantz avait construit sa flûte avec six corps de rechange, l'artisan a choisi de reproduire le corps donnant le diapason la-392 Hz qui semble, d'après l'usure des trous, avoir été le plus joué. Le facteur a aussi remplacé l'ivoire des bagues de la flûte originale par du plastique. Le nom du facteur est inscrit au-dessus d'une tourterelle aux ailes ouvertes. Ils ont été poinçonnés à froid. Jean-François Beaudin s'identifie à cet oiseau. Pour lui, l'oiseau est «symbole de liberté, solitude apprivoisée, introversion dans son chant, doux mais qui porte loin comme la flûte traversière baroque, touchant par son aspect mystérieux.»

Jean-François Beaudin

Musicien et facteur de flûte, Jean-François Beaudin se spécialise dans la musique des XVIIe et XVIIIe siècles. C'est en Hollande, au Conservatoire royal de musique de La Haye, qu'il perfectionne son jeu de la flûte traversière baroque et de la flûte à bec. C'est également dans cette école renommée que le facteur australien Frederick Morgan l'initiera à la facture de flûte et à l'art de dresser les plans des flûtes anciennes. Trois fois boursier du ministère des Affaires culturelles du Québec, Jean-François Beaudin peut faire des stages de perfectionnement et un nombre impressionnant de voyages pour examiner des collections d'instruments anciens à des fins d'analyse et de réalisation de relevés et de plans. En plus d'avoir dressé des plans pour ses recherches personnelles, Jean-François Beaudin a reçu des commandes de trois musées : le Musée instrumental du Conservatoire national supérieur de musique de Paris, le Musée d'instruments anciens de l'Université d'Édimbourg, en Écosse et le Staatl. Institut fur Musikforschung preussischer Kulturbesitz de Berlin, pour lesquels il tirera plus de 50 plans. Ayant derrière lui une bonne quinzaine d'années d'expérience, Jean-François Beaudin a construit plus d'une centaine

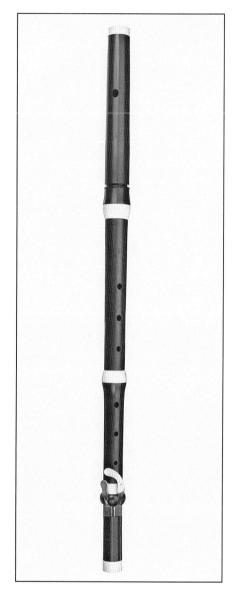

OPUS 42

Flûte traversière baroque
D'après Johann Joachim Quantz
Par Jean-François Beaudin
Frelighsburg (Québec)
1992
Ébène, argent, plastique, laiton, liège
67,3 cm
CCECT 92-154
Marque au poinçon : «BEAUDIN»,
au-dessus d'une tourterelle; «1992»; «111».

d'instruments. Sa production comprend plusieurs modèles de flûtes traversières et de flûtes à bec ainsi que des flageolets pour des clients qui proviennent surtout d'Europe. Dernièrement, lors d'un voyage aux Indes, il s'est intéressé à la flûte de bambou indienne.

Jean-François Beaudin vérifie l'accord d'une flûte traversière, en 1992

Opus 43 – Flûte traversière classique en do

Au cours de la seconde moitié du XVIIIe siècle, le développement de la flûte traversière en bois atteint son apogée. Il semble que ce soit un groupe de facteurs de Londres qui ait mis au point la flûte à quatre clefs. Deux autres clefs seront ensuite ajoutées, puis deux autres encore pour finalement avoir la flûte à huit clefs.

C'est pour ce type de flûte, le plus souvent en bois, quelquefois en ivoire, avec tout au plus huit clefs que Mozart, Beethoven, Schubert écrivaient. Ce n'est qu'au milieu du XIXe siècle que la flûte traversière en métal apparaît. Elle est mise au point par le facteur de flûtes allemand Theobald Boehm (1794-1881).

La flûte que l'on voit ici est construite d'après un modèle de Richard Potter, facteur de flûtes anglais (1726-1806) qui contribua de manière significative à l'amélioration de la facture de la flûte. Ce modèle en do à six clefs - do#, ré, ré#, fa, sol# et sib - possède un corps de rechange permettant d'accorder la flûte au diapason la-430 et la-440. Elle est construite en grenadille et les viroles sont en résine de polyester. Les clés sont en laiton.

Opus 44 – Tête Butterfly pour flûte traversière

Il est rare qu'un facteur crée un instrument de toute pièce, celui-ci étant habituellement le résultat d'une évolution lente et

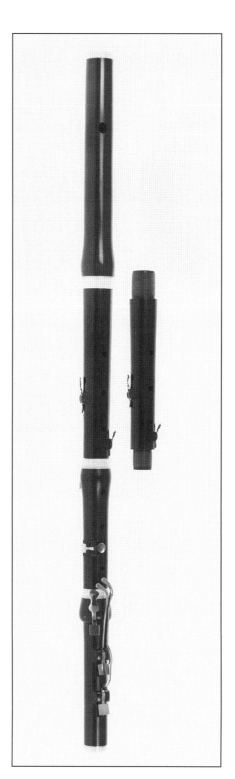

OPUS 43

Flûte traversière classique en do
D'après Richard Potter
Par Jean-Luc Boudreau
Montréal (Québec)
1990-1991
Grenadille, résine de polyester moulé, laiton
63,8 cm (ou 66,8 cm avec le corps de rechange)
CCECT 91-24.1-6
Marque au poinçon : «Jean-Luc Boudreau Montréal 610690»

de nombreuses expérimentations. Pourtant, on attribue souvent la paternité de la flûte traversière moderne à un seul homme, Theobald Boehm (1794-1881), orfèvre, facteur et flûtiste professionnel allemand. Il redessine l'emplacement et la grosseur des trous pour augmenter la puissance sonore de l'instrument, il conçoit le mécanisme complexe qui permet aux clefs de fonctionner indépendamment les unes des autres, ou qui les relie en différentes combinaisons. Il remplace enfin le bois par le métal. La mise au point finale se fait en 1847.

Malgré la puissance sonore de ce nouvel instrument, qui ne pouvait qu'être apprécié à une époque où l'on recherchait toujours plus de brillance, l'usage de la flûte Boehm ne se répandit qu'assez lentement car le nouveau mécanisme de clefs demandait de nouveaux doigtés. C'est ainsi que l'on trouvait les anciennes flûtes en bois parfois encore dans les orchestres du début du XXe siècle.

Aussi sophistiqué que soit l'instrument, il semble qu'il y ait toujours place pour la recherche et l'amélioration. J.P. Goosman a conçu cette tête de flûte dont l'embouchure Butterfly est considérée par plusieurs flûtistes comme une véritable évolution dans la facture de la flûte puis-

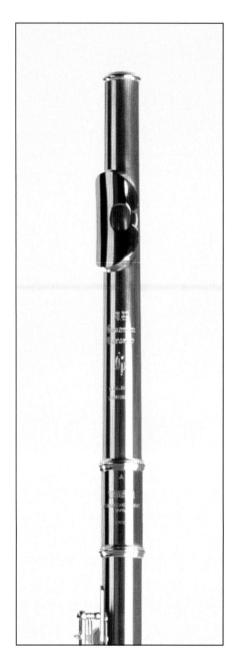

OPUS 44

Tête Butterfly pour flûte traversière
*Par J.P. Goosman Flutes Ltd
Pickering (Ontario)
1991-1992
Tête : argent; embouchure : or à 14 carats
22,3 cm
CCECT 91-560*

qu'elle modifie sensiblement l'écoulement de l'air qui pénètre ainsi en un flux plus rapide dans la flûte. Cette tête, dont le corps est en argent et l'embouchure Butterfly en or à 14 carats, est gravée «J.P. Goosman Toronto», suivi du monogramme «J P G» et de «CAN.PAT. 1,275,837».

Jack Goosman

Avant de devenir facteur de flûtes, Jack Goosman a étudié la flûte auprès de professeurs renommés. En 1968, il reçoit un diplôme en interprétation de l'Université Duquesne. La même année, il commence à travailler dans les très fameux ateliers Verne Q. Powell Flutes Inc., de Boston. Cette maison avait contribué à faire de Boston le centre de la facture américaine de flûtes. Powell avait introduit la flûte de modèle français aux États-Unis avant de perfectionner son propre modèle. Jack Goosman qui avait jusque-là travaillé à la réparation de la flûte se découvrira, dans cet atelier, un véritable talent pour la facture.

Au printemps 1971, Jack Goosman ouvre son propre atelier à Toronto. Il répond à la fois à un besoin, car il n'y a pas ou peu de facteurs de flûtes dans cette région, et à l'attachement qu'il porte à ce coin de pays où il a passé les étés de son enfance. En 1974, son atelier de réparation fonctionne très bien et il se lance dans la facture. Il aura la collaboration dans cette entreprise de sa femme Mara, également flûtiste de formation, et d'un assistant, Yutaka Chiba. Il fabrique un de ses premiers instruments pour Nicholas Fiore, premier flûtiste de l'Orchestre symphonique de Toronto.

La haute qualité de ses instruments lui gagne rapidement une réputation enviable. Des flûtistes de renom comme James Galway, Jeanne Baxtresser et Robert Cram, pour n'en nommer que quelques-uns, et des flûtistes d'orchestres symphoniques d'Europe, du Japon et d'Amérique comptent parmi ses clients. En 1989, Jack Goosman consacre une partie de son temps à la recherche et au design de la tête et de l'embouchure de la flûte. Il met au point l'embouchure Butterfly [MD] patentée au Canada et aux États-Unis. Le design de cette embouchure permet au flûtiste une articulation plus rapide et plus précise. Pour la flûte alto, elle permet un registre plus étendu vers l'aigu ainsi que la production d'un son plus puissant. L'embouchure Butterfly fut présentée à la communauté des flûtistes en 1989, à la National Flute Association Convention, à New Orleans. Présentement, Jack Goosman se consacre exclusivement à la fabrication de cette embouchure, Mara Goosman s'occupe de l'administration de l'atelier.

Le marimba

Le marimba a une origine très lointaine. On le trouve en Afrique centrale et dans l'archipel malais où il prend la forme d'un petit xylophone muni de résonateurs faits avec des calebasses placées sous les lames. On le trouve ensuite en Amérique du Sud et en Amérique centrale où il est fabriqué par les esclaves qui viennent d'Afrique. Les colons européens le modifient et lui donnent des résonateurs de bois rigoureusement accordés. Une autre particularité des marimbas d'Amérique centrale consiste en ce que les résonateurs sont munis d'un mirliton qui donne à l'instrument un timbre nasillard qui lui est propre. Ces membranes-mirlitons fixées sur les résonateurs sont un élément caractéristique des anciens marimbas mexicains.

Enfin, vers 1910, on commence à introduire le marimba dans la percussion de l'orchestre occidental. Des tubes métalliques que l'on peut

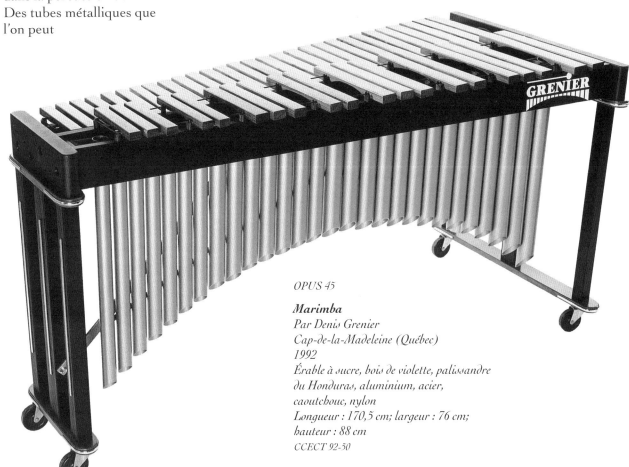

OPUS 45

Marimba
Par Denis Grenier
Cap-de-la-Madeleine (Québec)
1992
Érable à sucre, bois de violette, palissandre
du Honduras, aluminium, acier,
caoutchouc, nylon
Longueur : 170,5 cm; largeur : 76 cm;
hauteur : 88 cm
CCECT 92-50

accorder, en déplaçant des disques métalliques posés à l'extrémité inférieure, viennent remplacer les résonateurs de bois; et on renonce d'autre part aux mirlitons.

Opus 45 – Marimba

Ce marimba repose sur un châssis en érable à sucre et bois de violette laqué noir avec décorations violet et or. Des roulettes à blocage en facilitent le déplacement. Les résonateurs tubulaires sont laqués or, les lames en palissandre du Honduras, laquées satinées. La tessiture est de 52 notes, 4 octaves plus une tierce mineure. Cet instrument a été construit pour **Opus**.

Denis Grenier

Denis Grenier est un des très rares facteurs d'instruments à percussion à lames en Amérique du Nord. C'est en commençant à réparer des instruments appartenant à des maisons d'enseignement qu'il vient à ce métier. Toutes ces heures passées à démonter et à remonter une quantité d'instruments lui permettent d'acquérir une expérience importante : il en arrive à connaître en profondeur leur facture et surtout à en cerner les défauts ou les qualités de conception. Lorsqu'il reçoit sa première commande, il décide de concevoir son propre prototype. Autodidacte, il n'hésite pas à échanger avec un grand nombre de personnes : ébénistes, ingénieurs, musiciens. Son père, machiniste diplômé, aura été une personne-ressource importante.

Denis Grenier ouvre son atelier en 1982 et, en 1987, il quitte l'enseignement et peut finalement se consacrer entièrement à la facture des instruments de musique. La majorité de sa production est destinée au secteur éducationnel et aux maisons d'enseignement supérieur, aux universités et conservatoires. Il compte également parmi sa clientèle des artistes professionnels, percussionnistes de divers ensembles musicaux. Denis Grenier a développé environ cinquante modèles différents, ce sont des modèles exclusifs dont il a conçu lui-même le design, les calculs acoustiques et les procédés d'assemblage.

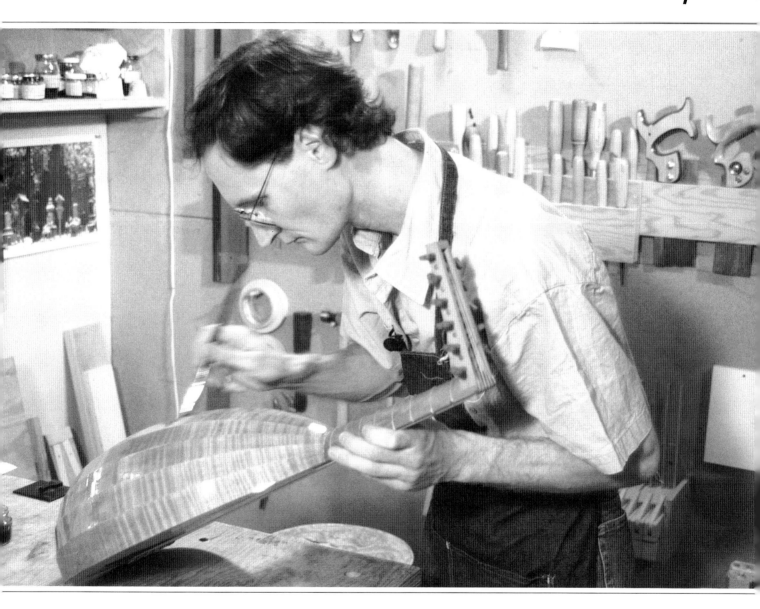

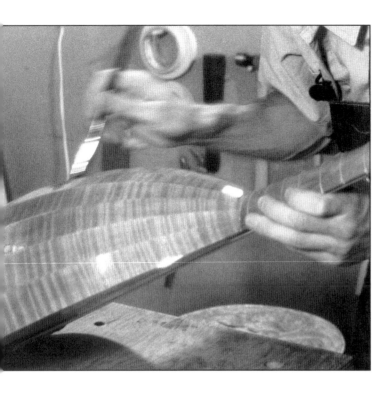

Grant Tomlinson appliquant le vernis sur le dos d'un luth Renaissance à Vancouver, en 1991.

La beauté d'un instrument de musique - si on exclut sa fonction sonore - ne tient pas seulement à quelques aspects de sa décoration mais à l'équilibre des proportions qui constituent sa forme. Le principe «Ce qui est bon pour l'œil est bon pour l'oreille» a guidé les artistes luthiers et facteurs d'instruments durant des siècles dans leur recherche de la perfection.

Les quelque trois cents ans qui s'étendent du début de la Renaissance à la fin du Baroque voient défiler une grande variété de styles musicaux. Ces changements sont intimement liés à l'histoire et aux conventions sociales qui donnent le ton aux objets d'art dont on s'entoure à diverses époques. La Renaissance italienne, par exemple, qui hérite des Grecs une approche humaniste du monde, encouragera la production d'instruments de musique construits à la fois pour satisfaire et réjouir l'œil, comme le font les arts de la peinture et de l'architecture, ainsi que pour le plaisir de l'oreille.

De cette philosophie vient également la notion selon laquelle le corps humain est à l'origine de la règle des proportions la plus importante qui soit. Cette notion est transmise par Vitruve (Marcus Vitruvius Pollio), architecte romain à l'emploi de l'empereur Auguste, dans *De Architectura*, dans lequel il explique, entre autres, que le corps humain et ses membres en extension marque les limites d'un cercle parfait et d'un carré. Cette règle des proportions que l'on a appelé «le nombre d'or» sera illustrée par de nombreux artistes de la Renaissance dont le plus célèbre est sans aucun doute Léonard de Vinci et sa figure vitruvienne *L'homme dans le cercle et le carré*.

Des études portant sur les proportions des instruments de musique de la Renaissance et baroques nous permettent de croire que cette notion mathématique, le nombre d'or, n'était pas inconnue des luthiers de ces époques. Son application dans la facture des instruments a donné naissance à des formes que l'on considère parfaites par leur beauté et sous lesquelles on peut découvrir, à l'étude, la géométrie invisible de l'instrument. Celle-ci procura une méthode permettant au luthier d'arriver à l'harmonie de la forme par une économie de moyens.

Cette forme d'esthétisme sobre et, dans une certaine mesure, abstraite, va coexister durant l'époque baroque avec un style de décoration exubérant dont l'ampleur va faire perdre leur vraie fonction aux instruments de musique qui deviendront plutôt une marque du rang occupé dans l'échelle sociale.

Mais la pratique de décorer les instruments de musique en est une très ancienne. On trouve des exemples d'instruments décorés remontant à l'Âge de la pierre et l'Âge du bronze, dans l'ancienne Égypte et dans la Grèce antique. Au Moyen Âge, le psaltérion sera à l'origine de la tradition de la décoration des rosaces que l'on retrouvera sur les instruments à cordes plus tard. L'orgue, instrument de prédilection de la musique religieuse, sera décoré de sculptures créées en harmonie avec l'architecture des lieux qu'il occupe. Dans la musique profane, on commence à «embellir» certains instruments, comme la vielle à roue, en en sculptant la tête. On verra se poursuivre cette pratique dans les siècles qui suivront, le style de décoration atteignant son point culminant à l'époque baroque et devenant plus sobre par la suite, se limitant à quelques éléments comme les rosaces des tables d'harmonie, les têtes sculptées, la marqueterie.

L'arrivée de l'ère industrielle et de la production de masse fit disparaître graduellement la décoration des instruments. Au tournant du siècle, il n'existait pratiquement plus d'instruments décorés à la main. Cette pratique ne fut reprise qu'un peu plus tard, lorsqu'on commença à s'intéresser de nouveau à la musique ancienne et aux instruments reproduits de façon «historiquement correcte». Aujourd'hui, les instruments en usage à l'orchestre sont très sobres. Aussi apprécie-t-on avant tout la sonorité de l'instrument tout en admirant celui-ci pour l'harmonie de ses formes et en tirant grande satisfaction de sa couleur, de la finesse des détails de sa facture et, lorsqu'on le tient entre ses mains, de son équilibre et de l'attrait qu'il exerce sur soi.

La sonate en trio

Opus 46 – Violon baroque

appelons que le violon baroque, d'avant les années 1800, diffère du violon moderne par la barre d'harmonie et l'âme qui sont de plus petite taille; le manche non enclavé est à peine incliné; la touche est en biseau et décorée de marqueterie; le cordier est plaqué et marqueté. La corde de sol est filée, mais les trois autres cordes sont de boyau pur.

Cet instrument est fait d'après un modèle baroque tardif, comme il s'en faisait à l'époque de Mozart, par exemple. Les éclisses, la tête et le fond en une seule pièce sont en érable madré européen. La table en épicéa européen est en deux pièces. Le vernis rouge orangé est appliqué en pointillé et dégradé. Le manche et le cordier sont décorés de marqueterie de buis, les sillets sont en ivoire, la touche en érable plaqué d'ébène, les chevilles en ébène et le bouton en polyester.

Denis Cormier

Le violon est un instrument que Denis Cormier côtoie dès sa prime jeunesse car il vient d'une famille de violoneux. Lorsqu'il décide d'explorer à fond cet instrument, il se tourne vers une lutherie classique. Pendant deux ans, il sera apprenti auprès du maître Frédéric Boyer, à Paris. Il suivra également un stage à La Haye, en Hollande, auprès du maître Willem Bouman. Riche de ces expériences, il ouvre un atelier à Montréal en 1980. «Ce que je construis, c'est un son», déclare-t-il volontiers. Ce son atteint une qualité toute spéciale puisque ses violons, modernes et baroques, se retrouvent entre les mains de musiciens professionnels, au Canada, aux États-Unis, en Europe et au Japon. Denis Cormier a construit plusieurs instruments entre autres pour l'Orchestre symphonique de Montréal, pour l'Orchestre métropolitain, pour le Studio de musique ancienne et pour l'ensemble I Musici.

Opus 47 – Hautbois baroque en do

L'usage des instruments à anche double remonte fort loin dans le temps. Par contre, l'ancêtre direct du hautbois moderne est un instrument développé à partir du début du XVIIe siècle. Il semble que cet instrument, que l'on nomme aujourd'hui «hautbois baroque» ait été mis au point en France, sous l'impulsion des facteurs de la famille Hotteterre qui le mirent en usage à la cour du roi Louis XIV, dès 1657. Ce nouveau venu gardait la puissance sonore des anciens chalumeaux, mais il était également capable d'une sonorité très douce. L'Europe entière l'adopta rapidement et il devint un des instruments les plus expressifs de l'orchestre. À partir du XIXe siècle, des changements lui seront graduellement apportés, comme l'ajout d'un mécanisme de clefs, qui l'amèneront à sa forme moderne.

OPUS 46

Violon baroque
Par Denis Cormier
Montréal (Québec)
1991
Érable madré et épicéa européens, ébène,
boyau, buis, ivoire, polyester
Longueur totale : 59 cm;
caisse : 35,2 x 20,5 cm; éclisses : 5 cm
CCECT 91-545
Étiquette : «Denis Cormier fait à Montréal
en 1991 No. 105»

Ce hautbois a été construit d'après un instrument de Johann Christoph Denner qui est conservé à Nuremberg. Les Denner étaient des facteurs d'instruments à vent renommés de Nuremberg en Allemagne. Quatre de ces hautbois ont survécu jusqu'à nos jours. Ce hautbois en do est muni de trois clefs de laiton. Les double-trous que l'on voit sur cet instrument permettent au musicien de couvrir un trou tout en laissant l'autre ouvert, produisant ainsi une note diésée. La teinture de cet instrument a été faite à l'acide nitrique. Ce hautbois est accordé au diapason la-415.

Martin Léveillé

Diplômé du Conservatoire de musique de Québec en hautbois et musique de chambre, Martin Léveillé se spécialise en réparation et en fabrication d'instruments à vent. Boursier du ministère des Affaires culturelles du Québec et du Conseil des arts du Canada, il se rend en France en 1983 afin de faire un stage de deux ans en fabrication de hautbois modernes avec Michel Viger et Gérard Mignot dans les établissements Jean Mignot à Paris. En 1986, il poursuit ses études à Utrecht, en Hollande, en fabrication de hautbois baroques avec Toshi Masegawa. Il fait également un stage à Zurich, chez Guy Dupin, en réparation de hautbois modernes. Depuis son retour à Montréal, en plus de son travail de réparation de hautbois modernes, il a fabriqué une dizaine de hautbois baroques. Il collabore aussi étroitement avec plusieurs luthiers et facteurs d'instruments pour la conception et la fabrication de pièces d'instruments de musique et d'outillage spécialisé pour la lutherie. Depuis 1991, il s'est associé à Jean-Luc Boudreau pour la fabrication de hautbois baroques.

Opus 48 – Clavecin

La forme et le clavier du clavecin peuvent rappeler ceux du piano, mais ces deux instruments sont très différents l'un de l'autre. Les cordes du clavecin sont pincées tandis que celles du piano sont frappées; le timbre du clavecin est ainsi peu comparable à celui du piano. Chaque touche du clavier actionne une tige, ou «sautereau», à laquelle est rattaché un plectre qui pince une corde.

Un juriste de Padoue a écrit en 1397 qu'un dénommé Hermann Poll revendiquait la paternité d'un instrument appelé *clavicembalum*. C'est la mention la plus ancienne que l'on connaisse d'un instrument de ce type. Dès la fin du XVe siècle, on retrouve plusieurs tableaux représentant des clavecins, et plusieurs manuscrits en font la description, notamment celui de Henri Arnault de Zwolle dont nous avons parlé à la page 12. L'usage du clavecin se répand en Europe et chaque pays lui imprime un caractère qui lui est propre. Ainsi, l'Italie, les Flandres, la France, l'Allemagne et l'Angleterre ont eu de grands facteurs de clavecins, et de nombreuses écoles de facture ont coexisté jusqu'à la fin du XVIIIe siècle, époque à

OPUS 47

Hautbois baroque en do
D'après Johann Christoph Denner
Par Martin Léveillé et Jean-Luc Boudreau
Montréal (Québec)
1991
Buis, laiton
57 cm
CCECT 91-420.1-4
Marque au poinçon : «Boudreau Léveillé Montréal».

laquelle le clavecin est remplacé
par le piano-forte. Ce dernier, dont
les cordes sont frappées, permet
de jouer avec les nuances - d'où
son nom en italien signifiant
«doux-fort» - et répond ainsi
aux nouveaux goûts musicaux.
Le clavecin ne revient en usage
qu'à la fin du XIXᵉ siècle. C'est
un Parisien du nom d'Érard qui
construit le premier clavecin des
temps modernes, dont le son est
assez éloigné des clavecins du
XVIIᵉ et du XVIIIᵉ siècle. Depuis
1945, on est revenu aux types de
sons et de facture des clavecins
anciens.

Pour construire ce clavecin,
Yves Beaupré s'est inspiré de
deux clavecins flamands, l'un de
Joseph Joannes Couchet, daté de
1679, dont l'original se trouve à la
Smithsonian Institution et l'autre
de Joannes Ruckers, daté de 1640,
qui est conservé à l'Université Yale.

Dans l'école flamande, un
nom domine entre le XVIᵉ et le
XVIIIᵉ siècle, c'est celui de la

OPUS 48

Clavecin
*D'après J.J. Couchet 1679 et J. Ruckers
1640
Par Yves Beaupré
Montréal (Québec)
1991
Cerisier tardif, épinette de Sitka, os, ébène,
tilleul, tempera, laiton
Longueur : 193 cm; largeur du clavier :
78,7 cm; épaisseur : 24,1 cm
CCECT 91-2.1-11
Inscription sur la planche de nom : «YVES
BEAUPRAE ME FECIT MONTREALAE
MCMXCI». Sur le sommier, l'instrument
est signé « Y.B. no 64».*

On remarquera les rinceaux sur le pourtour de la table d'harmonie, les tulipes, le perroquet, la libellule, les abeilles qui sont typiques du style décoratif flamand. Table d'harmonie peinte par Danièle Forget. Montréal 1991.

famille Ruckers de Anvers, à laquelle Couchet est apparenté. Les instruments de cette famille influencèrent les facteurs de clavecins à travers toute l'Europe, et la facture instrumentale contemporaine leur accorde une place importante. Aujourd'hui encore, les facteurs cherchent à reproduire et à égaler la qualité sonore de ces clavecins.

Cet instrument possède un clavier de 52 touches et deux jeux à l'unisson de huit pieds; il est accordé en courte octave et son étendue est de GG\BB-d'''; la transposition 415-440 s'y fait au moyen d'une planche de transposition. La table d'harmonie, signée «Danièle Forget 1991», est décorée d'une rosace en bronze et est peinte à la tempera de motifs floraux, d'insectes, de perroquets et de baies. Danièle Forget a ajouté l'éphémère, insecte indigène du Canada, aux insectes peints traditionnellement sur les clavecins flamands. La décoration du meuble est typique des instruments flamands : marbrures sur les côtés et papier imprimé à l'intérieur du couvercle.

Yves Beaupré

Facteur montréalais, Yves Beaupré a acquis une solide réputation dans le milieu de la musique ancienne. Lui-même musicien, titulaire d'un diplôme en interprétation du clavecin de l'Université de Montréal, il a construit son premier instrument en autodidacte. Depuis cette première expérience, en 1976, il se consacre activement à la facture et il a maintenant à son actif une soixantaine de clavecins. En 1981, boursier du Conseil des arts du Canada, il va en Europe étudier les grandes collections d'instruments et rencontrer des maîtres facteurs.

Tout en construisant ses instruments suivant les principes de la facture traditionnelle, Yves Beaupré élabore ses propres plans, convaincu que la compréhension et l'interprétation des principes de la facture ancienne sont artistiquement et musicalement préférables à une copie servile. Il a ainsi apporté quelques innovations à la facture du clavecin, lui donnant une mécanique fiable et une plus grande stabilité. Le Centre national des arts d'Ottawa possède un clavecin d'Yves Beaupré et il en est ainsi de nombreux clavecinistes professionnels de réputation internationale.

Opus 49 – Basse de viole

La viole de gambe est un instrument important de la Renaissance et de l'époque baroque. En Espagne, vers la fin du XVe siècle, des musiciens

OPUS 49

Basse de viole
D'après Richard Meares
Par Ray Nurse
North Vancouver (Colombie-Britannique)
1991
Érable grandifolié et épinette de Sitka de l'Ouest canadien, ébène, ivoire, boyau
Longueur totale : 121,5 cm;
caisse : 66 x 56,5 cm; éclisses : 12 cm
CCECT 91-419
Étiquette : «Ray Nurse 1991 Vancouver Canada no 914»

auraient tenté de jouer de la *vihuela* (sorte de guitare) avec un archet. De cette expérience serait née la viole que les Italiens nommeront au XVIe siècle *viola da gamba* puisqu'elle était tenue
entre les jambes. Ils faisaient ainsi la distinction avec les instruments de la famille du violon qu'ils désignaient sous le terme de *viola da braccio* (viole de bras). Apportée par les musiciens à la cour, la viole gagne rapidement l'Allemagne, la France et l'Angleterre où elle jouira d'une grande faveur.

Comme pour plusieurs instruments de la Renaissance, la viole est construite en plusieurs tailles différentes; les plus usuelles sont le «dessus de viole» soprano, la «taille de viole» ténor ainsi que la «basse de viole». Comme les violes ont la caractéristique de sonner fort bien en ensembles, un répertoire important d'œuvres a été écrit à leur intention, surtout en Angleterre. Il est intéressant de noter que ce sont des amateurs de la haute société et des musiciens professionnels qui formaient ces ensembles que l'on appelle *consorts*.

À l'époque baroque, on fera usage surtout de la basse de viole. Celle-ci tiendra la partie de basse accompagnant le clavecin dans les continuos.

Ray Nurse a construit cette basse de viole d'après un instrument de Richard Meares conservé au Victoria and Albert Museum. Meares travaillait à Londres durant la seconde moitié du XVIIe siècle. À cette époque, le genre de la sonate en trio venait d'être introduit en Angleterre. La facture de la viole atteint les

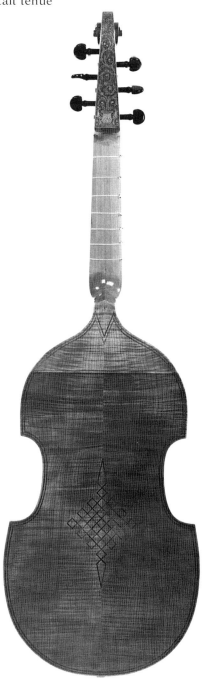

La sculpture de la tête, non liée aux contraintes acoustiques des autres parties de l'instrument, permet au luthier d'exprimer son sens artistique plus librement.

À remarquer les motifs créés par le filet d'ornement.

sommets du raffinement avec des instruments aux lignes pures qui comportent seulement quelques éléments de décoration.

C'est ce type de viole, aux épaules tombantes et à la ligne extrêmement élégante qu'a construit Ray Nurse pour **Opus**. Le chevillier de l'instrument est entièrement sculpté de reliefs de feuillages entrelacés. La tête est ornée d'une volute qui prend la magnifique forme d'une coquille ouverte, sculptée directement d'un côté à l'autre. Au dos, le filet d'ornement crée un motif géométrique et, sur la table, un motif floral. Le vernis est de couleur claire. L'instrument a six cordes et le chevalet est marqué du nom du luthier.

Ray Nurse

Ray Nurse est professeur de luth au Département de musique de l'Université de Colombie-Britannique. Il est internationalement reconnu comme l'un des plus grands luthiers d'Amérique du Nord. Il fait ses débuts en lutherie vers 1965 et, en 1967, il devient apprenti en Angleterre chez Ian Harwood et John Isaacs tout en étudiant l'interprétation du luth avec Dianna Poulton. Depuis, il a fait des recherches approfondies sur la construction du luth et autres instruments à cordes dans les musées d'Europe et d'Amérique. Il contribue à la fondation de la Vancouver Early Music Society de même qu'il participe à la mise sur pied d'ensembles de musique ancienne.

Depuis 1976, il fait partie de la Lute Society of America en tant que membre du bureau de direction, et il donne de nombreuses conférences ainsi que des ateliers sur l'interprétation et la construction du luth. Depuis le début des années 1970, il a un atelier à Vancouver, et il construit des répliques d'instruments historiques en demeurant le plus fidèle possible aux méthodes et à l'esthétique des anciens luthiers. Ses luths sont appréciés par un grand nombre de musiciens professionnels reconnus.

Opus 50 – Archet de violon baroque

Au Moyen Âge, il existe une grande variété d'archets, mais on retrouve souvent la forme courbée en arc. L'archet baroque quant à lui est presque droit. À cette époque, apparaît le système de vis à écrou, pour régler la tension de la mèche, dont on retrouve le principe sur l'archet moderne. L'archet baroque ne peut permettre les mêmes prouesses techniques que l'archet moderne. Il convient à la musique que l'on jouait à cette époque, musique de chambre surtout demandant un volume sonore de peu d'amplitude.

Cet archet de violon baroque, d'un modèle français du XVIIIe siècle, a une hausse et un bouton en ivoire de morse fossilisé. Il s'adapte au jeu du violon baroque monté de cordes de boyau. Il pèse 48 grammes.

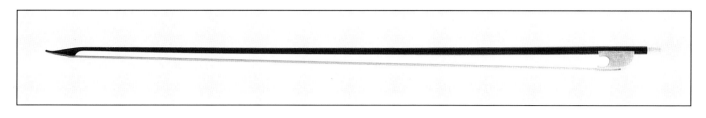

Louis Bégin

C'est au cours de ses études en viole de gambe au Conservatoire royal de Bruxelles que Louis Bégin, dans le but de se détendre par un travail manuel, prend des cours d'ébénisterie. Puis, tout en cherchant à marier le bois et la musique, il commence à s'intéresser à la facture d'archet. Il termine donc ce séjour en Europe, titulaire d'un premier prix en inter-prétation de la viole de gambe et riche de plusieurs stages en facture d'archet, dont un cours avec l'archetier Gilles Duhaut à Mirecourt. Louis Bégin a ouvert son atelier à Montréal en 1981, partageant son temps entre la fabrication d'archets et l'enseignement de la viole de gambe; il donne aussi plusieurs concerts avec des ensembles de musique ancienne.
Il retournera quelques fois en Europe pour étudier les grandes collections des musées instrumentaux. Depuis 1988, il se consacre entièrement à la facture d'archets. Ses archets baroques et modernes, en plus d'être vendus au Canada, sont exportés principalement aux États-Unis, en France, en Allemagne et au Japon.

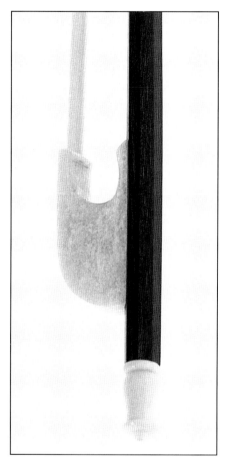

OPUS 50

Archet de violon baroque
Par Louis Bégin
Montréal (Québec)
1990-1991
Banya, ivoire de morse fossilisé, crin de cheval
70,5 cm
CCECT 91-19
Marque : «Louis Bégin» (caché par la hausse), «180291».

Opus 51 – Archet de basse de viole

Fait selon un modèle français du XVIIᵉ siècle, cet archet à tête de brochet possède un bouton et une hausse en ivoire de morse fossilisé et une baguette cannelée en amourette. Il pèse 76 grammes. Cet archet a été conçu pour **Opus** pour accompagner la viole de gambe de Ray Nurse.

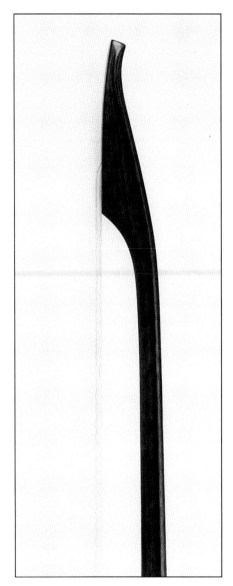

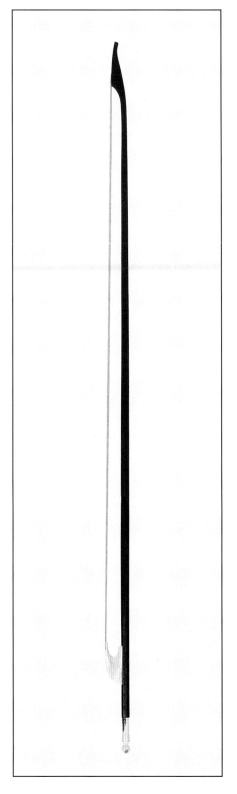

OPUS 51

Archet de basse de viole
Par Louis Bégin
Montréal (Québec)
1990-1991
Amourette, ivoire de morse fossilisé, crin de cheval
77 cm
CCECT 91-18
Marque au poinçon : «Louis Bégin»

Le luth

Opus 52 – Luth de la Renaissance

Ce luth est muni de frettes de métal, contrairement aux luths de la Renaissance dont les frettes étaient en boyau noué. Lorsqu'on a commencé à construire les luths au XXᵉ siècle, on a utilisé des frettes de métal semblables à celles de la guitare moderne. Il est à noter que les luthistes de l'époque de la reviviscence de la musique ancienne étaient souvent des guitaristes dont la technique de jeu n'était pas spécifique au luth mais bien à la guitare.

Ce luth, daté de 1974, est un bon exemple d'instrument que l'on construisait au début des années 1970, alors que l'intérêt pour la musique ancienne et la facture des instruments commençaient à se manifester au Canada. Quelque vingt ans plus tard, le même luthier a construit l'instrument que l'on voit à l'Opus 53.

Colin Everett

Originaire d'Angleterre, Colin Everett s'est installé à Ottawa à son arrivée au Canada en 1966. Il apprend alors la guitare, mais peu à peu son intérêt se porte vers le luth. Comme il est difficile de se procurer un luth à cette époque, il décide de construire son propre instrument. Colin Everett se spécialise dans la facture du luth mais, fasciné par la musique de la Renaissance, il construit également d'autres instruments de cette

OPUS 52

Luth de la Renaissance
Par Colin Everett
Ottawa (Ontario)
1974
Érable du Nouveau-Brunswick, ébène, cèdre rouge de Colombie-Britannique, acajou, métal, nylon
Longueur totale : 70,6 cm; caisse : 47,5 x 32,8 cm; profondeur : 16,5 cm; chevillier : 25,5 cm
CCECT 74-692.1-2

époque comme la viole de gambe, le clavecin, les cromornes, le cervelas. Il a été membre de plusieurs ensembles de musique ancienne et il a participé à de nombreux concerts et festivals. À ce jour, Colin Everett a construit plus de 70 luths. Ses instruments se retrouvent au Canada, particulièrement au Québec. Présentement, Colin Everett partage son temps entre une carrière de professeur de chimie au collège Algonquin et ses activités musicales.

Opus 55 – Luth de la Renaissance

Ce luth à sept chœurs a été construit d'après un instrument de Giovanni Hieber, luthier allemand établi à Venise dans la seconde moitié du XVIe siècle. La panse est formée de bandes d'érable, la table est en épinette avec une belle rosace de style arabe sculptée à même le bois. Ce luth est peu orné, le luthier préférant une facture simple, selon lui plus fidèle au luth utilisé couramment durant la Renaissance. Les luths très ornés ou faits avec des matériaux plus rares comme l'ivoire, par exemple, étaient réservés aux gens de la noblesse ou de la haute bourgeoisie.

Opus 54 – Luth de la Renaissance

Ce luth à sept chœurs est une reproduction d'un instrument conservé à l'Accademia Filarmonica de Bologne et construit en 1592 à Padoue, par Vuendelio Venere. Le nom de ce facteur se retrouve sur un certain nombre d'instru-

OPUS 55

Luth de la Renaissance
D'après Giovanni Hieber
Par Colin Everett
Manotick (Ontario)
1992
Épinette européenne, érable du Nouveau-Brunswick, padouk africain, palissandre, boyau, parchemin, nylon, plastique
Longueur totale : 68 cm;
caisse : 44 x 31 cm; chevillier : 20,5 cm;
profondeur : 15 cm
CCECT 92-2.1-2
Marque au fer : «CJE 1992»

OPUS 55

Rosace d'inspiration islamique dont plusieurs variantes se retrouvent sur les luths de la Renaissance.

OPUS 54

Rosace aux lignes gothiques sculptée comme une fine broderie au centre de cette table de luth Renaissance.

ments de la fin du XVIᵉ siècle et du début du XVIIᵉ.

Grant Tomlinson a réalisé cette très belle reproduction à la suite de ses recherches minutieuses dans les musées européens. La panse est faite de bandes d'if avec un mince filet de sycomore entre chacune des 25 côtes. La table d'épinette est ornée d'une très belle rosace de style gothique sculptée à même le bois. Le luthier a fabriqué lui-même le vernis ambré. Le chevalet est en bois de poirier teint et le design est typique de celui des luthiers de Padoue de la fin du XVIᵉ siècle.

Grant Tomlinson

C'est en 1975, alors qu'il tente d'interpréter des pièces de musique ancienne à la guitare que Grant Tomlinson se met à l'étude du luth avec le facteur et musicien canadien Ray Nurse. Grant Tomlinson s'intéresse très rapidement à la lutherie et fait du luth le centre de ses activités. Fasciné par la reproduction la plus minutieuse possible des instruments de l'époque baroque et de la Renaissance, Grant Tomlinson poursuit des recherches poussées, pendant près d'un an, sur les luths des grandes collections européennes. Il mesure, photographie, étudie de près plus de 70 luths originaux. En 1986, il reçoit, du Conseil des arts du Canada, une bourse lui permettant d'aller en Angleterre étudier la facture du luth auprès du renommé luthier Stephen Gottlieb.

En plus de se consacrer à ses activités de luthier, Grant Tomlinson est actif au sein de la Lute Society of America; il donne des conférences, des ateliers et écrit des articles spécialisés publiés par cette association. La réputation de Grant Tomlinson est maintenant bien établie et sa clientèle se compose de professionnels et d'amateurs sérieux en provenance de l'Europe, du Japon, des États-Unis et du Canada.

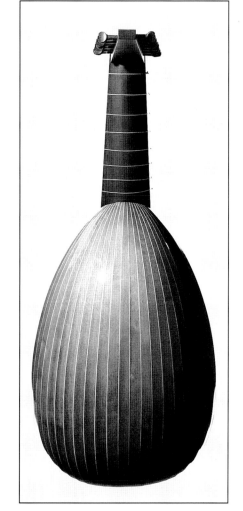

La panse de ce luth est composée de 25 bandes d'if séparées par un filet de sycomore.

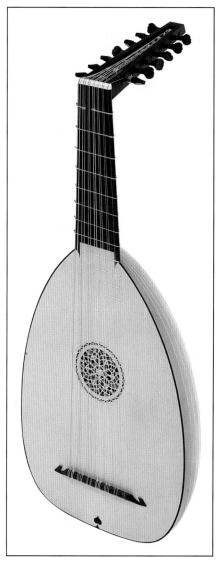

OPUS 54

Luth de la Renaissance
D'après Vuendelio Venere
Par Grant Tomlinson
Vancouver (Colombie-Britannique)
1991
Épinette, if, sycomore, poirier, boyau, ivoire
Longueur totale : 67 cm;
caisse : 44 x 30 cm; profondeur : 14 cm;
chevillier : 19,7 cm
CCECT 91-455
Étiquette : «Grant Tomlinson Vancouver BC 1991».

Opus 55 et 56 – Luths sopranos de la Renaissance

À la Renaissance, on avait coutume de construire les instruments en plusieurs tailles différentes produisant des familles d'instruments correspondant plus ou moins aux différentes hauteurs de la voix humaine. C'est ainsi que l'on a construit de petits luths correspondant au registre soprano.

Sur ces luths, les frettes sont en boyau noué. Ces instruments sont fabriqués d'après un luth de Wendelin Tieffenbrucker conservé au Kunsthistorisches Museum de Vienne. Wendelin Tieffenbrucker faisait partie d'une famille allemande renommée pour sa lutherie du XVIe jusqu'au XVIIe siècle. La moitié de la famille s'était installée dans le nord de l'Italie, tandis que l'autre moitié s'était établie en France, à Lyon. Wendelin était très actif à Padoue vers le milieu du XVIe siècle.

Comme c'est le cas pour tous les instruments d'Edward Turner, ces luths sopranos sont d'une facture raffinée et historiquement exacts par rapport à l'original. Une rosace de style gothique orne la table.

Opus 57 – Luth baroque

Ayant perdu de sa popularité en France, c'est en Allemagne, vers la fin du XVIIe siècle, que le luth poursuit son évolution. Au luth à onze chœurs, en usage en France et en Allemagne, on ajoute deux chœurs, tendus sur une extension du chevillier, du côté des cordes

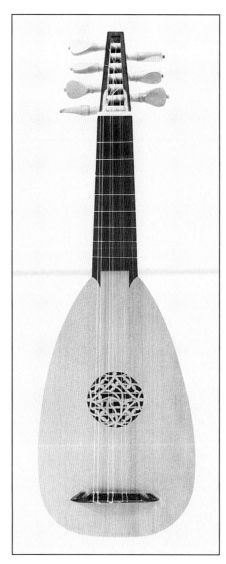

OPUS 55

Luth soprano de la Renaissance
D'après Wendelin Tieffenbrucker
Par Edward R. Turner
Vancouver (Colombie-Britannique)
1974
Épinette, cèdre jaune de Colombie-Britannique, tilleul d'Amérique, ébène, érable, buis, boyau, poirier, ivoire, nylon
Longueur totale : 53,8 cm;
caisse : 21,5 x 12,6 cm; profondeur : 6,5 cm;
chevillier : 10 cm
CCECT 74-694

OPUS 56

Luth soprano de la Renaissance
D'après Wendelin Tieffenbrucker
Par Edward R. Turner
Vancouver (Colombie-Britannique)
1974
Épinette, if et érable de Colombie-Britannique, ébène, érable du Québec, boyau, poirier, ivoire, nylon
Longueur totale : 53,2 cm;
caisse : 20,5 x 12,6 cm; profondeur : 6,5 cm;
chevillier : 10 cm
CCECT 74-695

Détail de la rosace de style gothique.

graves de l'instrument. On peut ainsi jouer les notes graves, ce qui donnera une nouvelle dimension au répertoire de musique pour luth. Grâce à ses œuvres, Sylvius Leopold Weiss, un des plus grands luthistes-compositeurs pour luth à treize chœurs, contribuera grandement au développement de cette musique.

Richard Berg a réalisé ce luth d'après un luth de la Renaissance que Hans Burkholzer construisit en 1596, et que Tomas Edlinger convertit en luth baroque en 1705. L'instrument original en ivoire fait partie de la collection du Kunsthistorisches Museum de Vienne.

La panse de l'instrument est en palissandre brésilien, la table d'harmonie en épinette allemande est ornée d'une rosace dont le dessin original est de Berg, et le manche est en contreplaqué d'ébène. Les deux premiers chœurs sont simples, les cordes, accordées au diapason la-415, reproduisent l'accord et l'échelle de ré mineur. Comme il le fait pour tous ses instruments, le luthier a accordé beaucoup d'attention à l'esthétique de ce luth, l'aspect physique devant être le miroir de l'aspect sonore de l'instrument, selon les termes mêmes du luthier.

Richard Berg

Richard Berg est un luthier qui, tout en recherchant une haute qualité sonore, est fasciné par l'aspect esthétique de la facture. C'est d'ailleurs la beauté ainsi que la variété des formes et des décorations du luth qui attira, en premier lieu, Richard Berg vers la facture de cet instrument. Auparavant, son amour pour la guitare flamenco l'avait amené en Espagne où il avait visité maints ateliers de facteurs de guitares. En 1973, il construit sa première guitare «juste pour voir s'il pouvait le faire lui-même». Autodidacte, il poursuit ses recherches et construit un premier luth en 1975. Il puise dans les ressources de l'American Lute Society et reçoit de précieux conseils de luthiers expérimentés; il trouve aussi une importante source d'inspiration dans les échanges qu'il entretient avec les musiciens. Ainsi, Toyohiko Satoh, luthiste baroque reconnu internationalement, qui possède plusieurs instruments de Berg, a eu sur lui une influence considérable.

En 1983, Richard Berg reçoit une bourse du Conseil des arts du Canada et peut ainsi aller visiter les luthiers et musiciens européens et

Détail de la rosace inspirée de l'art décoratif arabe.

OPUS 57

Luth baroque
D'après Hans Burkholzer et Tomas Edlinger
Par Richard Berg
Ottawa (Ontario)
1992
Palissandre brésilien, épinette allemande, ébène, prunier, ivoire de récupération, plastique, boyau
Caisse : 50,5 x 35,2 cm; profondeur : 17,5 cm
CCECT 92-155

étudier, photographier et dessiner les instruments des collections muséales. Sa production comprend des luths de la Renaissance et baroques, des théorbes, des chitarrones et des archiluths ainsi que des guitares classiques. Travaillant à partir d'instruments originaux, il tente de garder l'esprit de ces modèles historiques sans chercher à en faire des répliques exactes, voulant plutôt tenir compte des besoins et des goûts du musicien pour lequel il construit un instrument. Bien que la lutherie ne soit pas un métier qu'il exerce à temps plein, Richard Berg n'en est pas moins considéré comme un luthier professionnel et sa clientèle comprend des musiciens des continents américain, européen et asiatique.

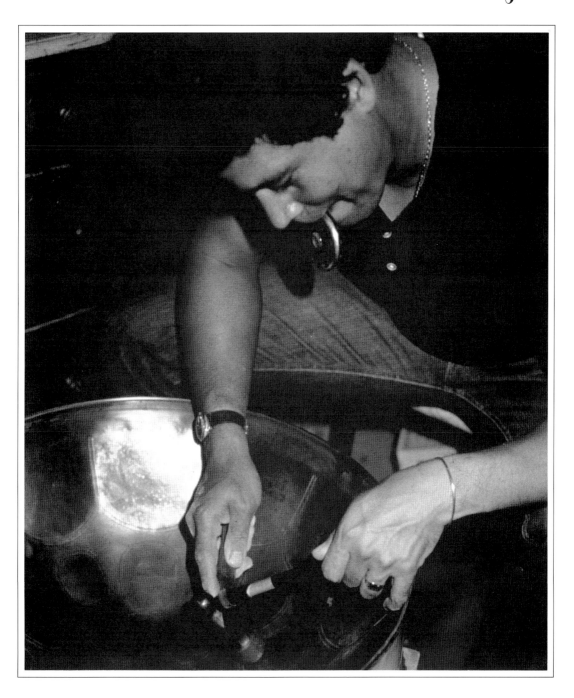

Décoration de style français sur un clavecin Beaupré par Danièle Forget.
L'oiseau est le symbole de la vie redonnée à l'arbre que l'on a coupé pour en faire un instrument.

Les traditions populaires (mythes, légendes, chansons) et les arts visuels nous renseignent sur les valeurs symboliques qui s'attachent aux instruments de musique et qui sont représentées dans leur forme, leur décoration, leur matériau même. Par ces représentations symboliques, l'Homme communique sa vision du monde et sa compréhension de l'univers.

Si la notion du «nombre d'or», cette formule mathématique élaborée d'après les proportions du corps humain, est familière aux luthiers de la Renaissance et de la période baroque, l'analogie entre le corps et les instruments s'étend bien au-delà de cette formule abstraite. Le contour des instruments à cordes rappelle les formes du corps, rapprochement qui a fort bien été illustré par le photographe Man Ray et son *Violon d'Ingres* lorsqu'il photographia le dos nu d'une femme sur lequel avaient été apposés

Earle Wong accorde un steel drum *à Toronto, en 1991.*

deux *f* semblables à ceux que l'on trouve sur la table d'harmonie des instruments de la famille du violon.

Les différentes parties des instruments tirent aussi leur nom du corps humain. Ainsi, la guitare a des épaules, une taille, des hanches; le luth possède des côtes et une tête; le violon a un dos et même une âme; enfin, le clavecin a une joue. Il est intéressant de remarquer également qu'on expose ou photographie les instruments en position droite qui n'est pas celle dans laquelle ils sont joués, mais c'est plutôt la position d'une personne quand elle se tient debout. Plus qu'une extension du corps, comme le voient les musiciens, l'instrument en est l'incarnation.

Le luthier de la Renaissance communique l'idée d'harmonie qui existe entre l'être humain et l'univers par le motif des deux triangles renversés l'un dans l'autre qui constitue la base de nombreux designs de rosaces de luths et autres instruments à cordes de la Renaissance. Ces rosaces, souvent très élaborées, sont sculptées selon deux styles principaux, le style gothique et le style arabe. Le premier est purement décoratif et rappelle les rosaces des cathédrales gothiques alors que le second est très riche en éléments symboliques.

L'utilisation des instruments de musique lors de rites religieux, à l'occasion d'une célébration ou lors d'un événement d'importance, ou leur usage par les membres d'une communauté culturelle, sont autant de signes de la valeur sociale de l'instrument de musique. Au Moyen Âge, le psaltérion, l'orgue, la harpe sont associés à la musique religieuse. Grégoire le Grand dit du psaltérion : «Il est doux et délicat et est orienté vers le ciel.» Le tambour et autres instruments à percussion ainsi que le rebec (violon médiéval) et le cor sont l'apanage de la musique profane; on représente parfois Satan jouant du tambour entouré des autres instruments. Les cymbales faites d'airain, un alliage de cuivre et d'étain, sont un symbole infernal, de même que le cornet à bouquin courbe. Ils étaient interdits à l'église.

Les instruments de musique traditionnelle sont, quant à eux, de véritables symboles d'ethnicité. La harpe celtique est l'emblème de l'Irlande et on associe la flûte de Pan à la Roumanie, le bouzouki à la Grèce, les *steel drums* à Trinidad, etc. Ils ont un rôle social important en ce qu'ils représentent, dans leur forme et dans la musique qui leur est associée, l'appartenance à une culture et à une tradition.

Nous avons voulu illustrer dans ce chapitre quelques aspects de la symbolique des instruments : symbolique de la matière, symbolique des sons et les instruments-symboles. Le lecteur pourra se référer aux chapitres précédents au cours desquels nous avons traité de trois autres aspects des instruments de musique afin d'y découvrir les secrets que pourraient révéler leur couleur, leur forme, leurs motifs décoratifs.

La symbolique de la matière

Opus 58 et 59 – Flûtes traversières

Les matériaux pour fabriquer une flûte peuvent varier grandement. En Europe, le bois a longtemps été le matériau de prédilection mais on a vu, surtout à l'époque baroque, des flûtes d'ivoire, de porcelaine et même de verre. La flûte moderne est plutôt faite en argent, en or, en platine ou, encore, en polyester. Dans les cultures orientales, le bambou tient un rôle important, et l'on retrouve à travers le monde, en plus des flûtes de bois, des flûtes en os, en céramique ou encore en cuivre.

La terre est un symbole de fertilité, de richesse et de générosité. Les instruments de terre cuite que l'on retrouve dans de nombreuses cultures sont manifestes du désir d'unir la terre à la musique. Cette union aura pour but de prier les puissances fécondantes et d'attirer leurs bienfaits.

Ainsi, les instruments de terre dont nous traitons ici, les flûtes et les tambours, sont souvent associés dans les traditions musicales du monde. Le souffle qui anime les instruments à vent est un symbole de vie alors que les battements de tambour symbolisent le cœur de l'être vivant. Cette union des deux instruments a fait dire à un proverbe français : «Ce qui vient de la flûte s'en retourne au tambour.»

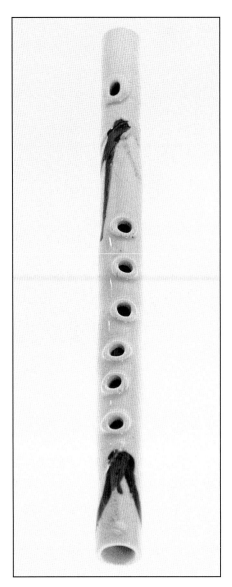

OPUS 58

Flûte traversière
Par Tony Bloom
Canmore (Alberta)
Vers 1985
Porcelaine
32,5 cm
CCECT 85-226.1-5
Signature et sceau de l'artiste
Don de la Fondation Massey

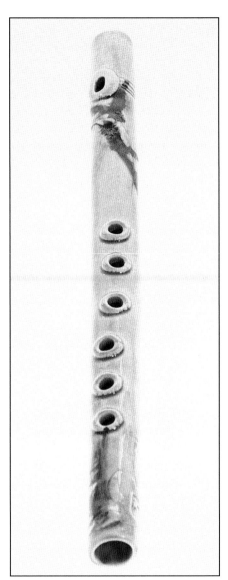

OPUS 59

Flûte traversière
Par Tony Bloom
Canmore (Alberta)
1977
Grès
37,8 cm
CCECT 85-561.1-4
Signature et sceau de l'artiste
Don de la Fondation Massey

Tony Bloom

Céramiste et musicien, il semble naturel pour Tony Bloom de construire des instruments de musique. C'est à Canmore qu'il fait ses premiers pas en poterie et en facture instrumentale, inspiré par le désir de faire une flûte à son frère qui est musicien. Il prend des cours à la Banff School of Fine Arts et, quelques mois plus tard, il devient artiste potier professionnel. Comme il joue de la batterie, il fait l'expérience de tourner des darboukas. Sa production comprend des bas-reliefs, des sculptures et des instruments de musique.

Opus 60 – Darbouka

Avec quelques autres instruments de percussion comme les bâtons percutants, ou bâtons de rythme, le tambour est un des plus anciens instruments de musique. Le principe de fixer une peau à un réceptacle, comme un pot ou un tronc d'arbre, semble être apparu à l'ère néolithique. Le tambour est souvent associé à la danse; mais par la force que dégage cet élément primaire qu'est le rythme, on l'a également investi de pouvoirs magiques, et plusieurs cultures lui ont donné un rôle sacré et religieux.

Tony Bloom dit de cet instrument qu'il est hybride, inspiré à la fois de la darbouka arabe et du tabla indien. Il est en grès recouvert d'une glaçure à l'oxyde de fer.

OPUS 60

Darbouka
Par Tony Bloom
Canmore (Alberta)
Vers 1985
Grès, peau de chèvre
Hauteur : 22,5 cm; diamètre : 25,5 cm
CCECT 85-561
Signature et sceau de l'artiste
Don de la Fondation Massey

Opus 61 – Flûte traversière

Cette flûte en porcelaine est recouverte d'une glaçure brune.

Martin Breton

Martin Breton est céramiste depuis déjà une quinzaine d'années. Il a suivi de nombreux cours de poterie et il a fait des stages au Québec et en France. Depuis 1983, il a introduit des instruments de musique en céramique dans sa production. Découvrant le monde de la percussion lors d'un voyage au Maroc, il se mit à fabriquer des darboukas à son retour. Vers la même époque, une commande venant d'un groupe de musiciens africains de passage au Québec l'initie à la fabrication des udus. Il explore également les instruments à vent comme la flûte traversière et l'ocarina auquel il donne des formes d'oiseaux et autres animaux.

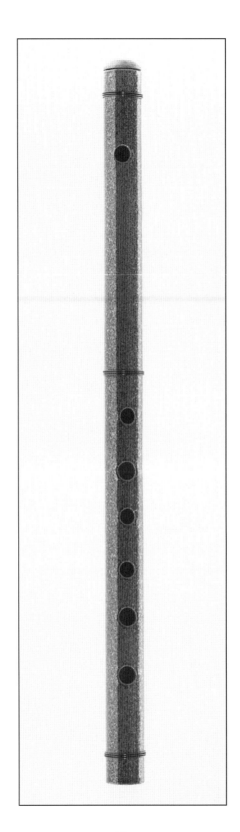

OPUS 61

Flûte traversière
Par Martin Breton
Sainte-Agathe-de-Lotbinière (Québec)
1984
Porcelaine
44,5 cm
CCECT 84-145

Opus 62 – Ocarina

Cet instrument de Martin Breton est une variante de la flûte globulaire. La version européenne de l'ocarina aurait été inventée en Italie vers 1860, mais ce type de flûte existe depuis fort long-temps en Amérique du Sud, en Asie et en Afrique.

Lorsque Martin Breton donne des formes d'oiseaux à ses instruments, il rejoint des traditions anciennes comme celle des Aztèques qui donnaient à leurs flûtes globulaires une forme animale ou humaine. Le terme italien *ocarina* signifie «petite oie».

OPUS 62

Ocarina
Par Martin Breton
Sainte-Agathe-de-Lotbinière (Québec)
1984
Porcelaine
Hauteur : 10,2 cm;
diamètre de la base : 6,9 cm
CCECT 84-154

Opus 63 à 68 – Darboukas

Tous les tambours de Martin Breton sont en grès naturel et ont été cuits au four à bois. À remarquer, la babiche utilisée pour fixer la membrane sur le pourtour du pot.

OPUS 64

Darbouka
Par Martin Breton
Sainte-Agathe-de-Lotbinière (Québec)
1984
Grès, peau de vache, babiche
Hauteur : 34,5 cm; diamètre : 27,4 cm
CCECT 84-158

OPUS 63

Darbouka
Par Martin Breton
Sainte-Agathe-de-Lotbinière
(Québec)
1984
Grès, peau de vache, babiche
Hauteur : 36,6 cm; diamètre : 29,3 cm
CCECT 84-157

OPUS 65

Darbouka
Par Martin Breton
Sainte-Agathe-de-Lotbinière
(Québec)
1984
Grès, peau de vache, babiche
Hauteur : 32 cm;
diamètre : 20,9 cm
CCECT 84-159

OPUS 66

Darbouka
Par Martin Breton
Sainte-Agathe-de-Lotbinière (Québec)
1984
Grès, peau de vache, babiche
Hauteur : 30,5 cm; diamètre : 25 cm
CCECT 84-140

OPUS 67

Darbouka
Par Martin Breton
Sainte-Agathe-de-Lotbinière (Québec)
1984
Grès, peau de vache, babiche
Hauteur : 27,2 cm; diamètre : 17 cm
CCECT 84-141

OPUS 68

Darbouka
Par Martin Breton
Sainte-Agathe-de-Lotbinière (Québec)
1984
Grès, peau de vache, babiche
Hauteur : 17,2 cm; diamètre : 15 cm
CCECT 84-142

Opus 69 et 70 – Udus

L'udu est un pot de terre cuite sur lequel le facteur a pratiqué un trou latéral. Le joueur bouche alternativement les deux orifices avec la paume des mains. Le son est produit par la compression et le relâchement de l'air qui se trouve à l'intérieur du pot. Cet instrument n'est pas un tambour, mais bien un aérophone puisque c'est l'air qui vibre et résonne. On retrouve ce type d'instrument au Nigéria, en particulier chez les Ibos.

Martin Breton a reçu une commande en 1983 pour faire un tel instrument; il a utilisé comme modèle un instrument amené par une troupe africaine qui se produisait à Québec.

OPUS 69

Udu
Par Martin Breton
Sainte-Agathe-de-Lotbinière (Québec)
1984
Grès
30,8 x 27 cm
CCECT 84-135

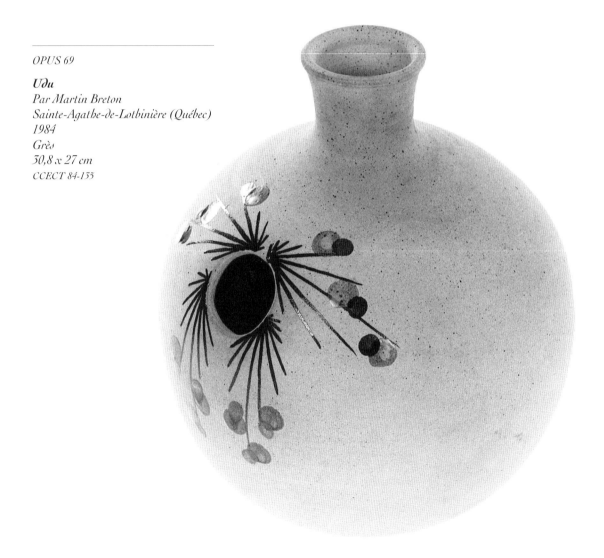

OPUS 70

Udu
Par Martin Breton
Sainte-Agathe-de-Lotbinière (Québec)
1984
Grès
24,5 x 19,5 cm
CCECT 84-156

La symbolique des sons

Opus 71 et 72 – Cloches

Le son puissant et percutant de la cloche a fait de cet instrument un outil de communication important dans bien des sociétés : elle marque les heures de la journée, elle signale les événements importants, elle rassemble les foules; elle invoque les esprits ou règle les rituels; elle signale un danger et chasse la foudre; elle salue les naissances et rend un dernier hommage aux morts.

Dans l'Antiquité, on utilisait déjà les cloches à battant interne qu'on secouait à la main. Elles étaient en bronze ou en poterie.

Les cloches de Christina Kloepfer sont coulées en bronze. La forme de la première rappelle les doubles cloches africaines, celles-ci étant toutefois percutées de l'extérieur. La seconde a une forme plus classique.

Christina Kloepfer

Christina Kloepfer termine ses études à l'école de design du Sheridan College en 1973. Après avoir fait son apprentissage avec le sculpteur Jordi Bonet, à Montréal, puis avec le sculpteur Frank Colson, en Floride,

OPUS 71

Cloche
Par Christina Kloepfer
Kitchener (Ontario)
Vers 1983
Bronze
Largeur totale : 11 cm;
hauteur totale : 8,6 cm; diamètre de
chaque pavillon : 5 cm
CCECT 85-255
Don de la Fondation Massey

elle ouvre son propre studio en 1978. Elle est fascinée par le bronze, tout spécialement par son caractère de permanence. Elle travaille selon la technique de la cire perdue. Par son travail avec le métal, Christina Kloepfer dit perpétuer une tradition familiale : son grand-père était forgeron.

La fabrication des cloches réunit deux notions importantes pour elle : la recherche formelle par laquelle elle exprime sa sensibilité artistique et la recherche technique - choix du diamètre, de l'épaisseur, de l'alliage - transposée dans les objets utilitaires et fonctionnels. À la beauté de la forme s'ajoute ici la beauté du son. Les œuvres de Christina Kloepfer ont été présentées plusieurs fois dans des expositions à travers le Canada.

OPUS 72
Cloche
Par Christina Kloepfer
Kitchener (Ontario)
Vers 1985
Bronze
7,5 x 7,2 cm
CCECT 85-256
Don de la Fondation Massey

Opus 73 – Violon

On rattache au violon le symbole des sons harmonieux, attractifs et séduisants, capables de charmer ou de captiver, comme nous le démontrent nombre de contes et de légendes du Canada français et d'ailleurs. «Les marionnettes», «Le violon magique», «La légende de Rose Latulippe» mettent en scène des personnages aux prises avec les pouvoirs quasi magiques qu'on prête au violon. Instrument utilisé pour le divertissement, le violon n'avait pas bonne réputation et on ne le tolérait à l'église qu'avec la plus grande circonspection.

Michael Baran a fait ce violon sur un modèle d'Antonio Stradivari, et il lui a donné le nom de «Dorothéa».

Michael Baran

Originaire de la Tchécoslovaquie, Michael Baran émigre au Canada en 1928. C'est très jeune, vers l'âge de neuf ans, qu'il commence à s'initier à la lutherie. Il acquiert de l'expérience en réparant de nombreux violons et, en 1937, il fabrique son premier instrument. Michael Baran joue également du violon; il apprit en autodidacte lorsqu'il était adolescent, inspiré par les gitans de son pays qu'il entendait aux fêtes populaires. Ayant un métier en plus de son activité de lutherie, Michael Baran a pu se permettre le geste généreux de toujours donner ses violons à de jeunes musiciens n'ayant pas les moyens de s'en procurer un.

Opus 74 – Violon

Le luthier a construit ce violon d'après un modèle Stradivari qu'il a modifié. La table d'harmonie est en trois parties.

Fernand Schryer

Fernand Schryer apprend, de son grand-père, l'art de construire des violons. Étant pêcheur de métier, ce n'est que dans la quarantaine qu'il trouve le temps nécessaire pour pratiquer la lutherie, et, depuis qu'il a pris sa retraite, il peut y consacrer toute son énergie. Jusqu'à maintenant, il a fabriqué 300 violons. Il aime utiliser le bois du pays qu'il coupe lui-même et qu'il laisse sécher de longues années avant de s'en servir.

Opus 75 – Harpe éolienne

La harpe d'Éole, cet instrument qui fait chanter le vent, est reliée à diverses légendes : le dieu Hermès aurait inventé la lyre en laissant le vent sonner à travers des boyaux tendus sur une carapace de tortue ou encore le souffle de Dieu aurait fait chanter la harpe de David. La harpe éolienne garde encore, de nos jours, un peu de sa magie puisque les explications acoustiques que l'on donne sur les sons produits par le passage du vent à travers ses cordes restent du domaine des hypothèses.

Un théoricien allemand, Kircher, a repris des anciens le

OPUS 75

Violon
Par Michael Baran
Toronto (Ontario)
1975
Sycomore de l'est, séquoia de Californie
Longueur totale : 59 cm;
caisse : 55,7 x 20,2 cm; éclisses : 5 cm
CCECT 75-1063
Don de Michael Baran

OPUS 74

Violon
Par Fernand Schryer
Pointe-au-Chêne (Québec)
1980
Érable, épinette
Longueur totale : 60,4 cm;
caisse : 36 x 21 cm; éclisses : 5,1 cm
CCECT 81-555

principe d'utiliser le vent sur des cordes tendues, vers 1650, en élaborant la harpe éolienne. Mais ce n'est qu'un siècle plus tard que cette harpe devient populaire, surtout en Angleterre. Un instrument qui permet d'entendre la voix de la nature ne pouvait qu'inspirer les poètes et les écrivains de cette époque quand le romantisme naissant glorifiait cette nature, et nombre de poèmes furent écrits à son sujet.

La popularité de cette harpe persista jusqu'au milieu du XIXe siècle. En Angleterre, on la plaçait dans les maisons sur le rebord des fenêtres. Sur le continent, on préférait la mettre dans les jardins, les grottes, les maisons d'été et même les châteaux inhabités. Ainsi, l'existence de certains fantômes s'est peut-être résumée à un peu de vent tourbillonnant entre les cordes d'une harpe éolienne bien placée.

David Johnson

David Johnson, menuisier à ses heures, se plaît à travailler et à sculpter le bois. Comme il aime la musique depuis toujours, il marie ses intérêts en fabriquant des instruments : plusieurs variantes de dulcimers, des harpes celtiques et des harpes éoliennes. C'est par un ami, ayant lu sur la harpe éolienne et ayant esquissé un plan que David Johnson est amené à construire cet instrument inhabituel. Intrigué et tenté par l'expérimentation, il collabore au plan final et adapte l'instrument pour qu'il puisse être placé à la verticale, à l'extérieur de la maison.

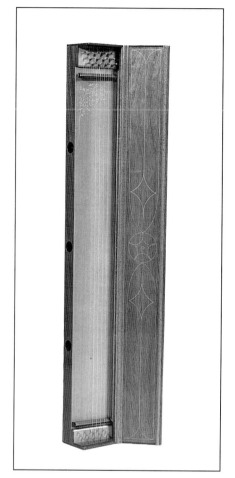

OPUS 75

Harpe éolienne
Par David Johnson
Rimbey (Alberta)
Vers 1982
Épinette, acajou, nylon, métal, palissandre
106 x 21 x 19 cm
Prêt du facteur

Les instruments-symboles
Les instruments populaires d'origine nord-américaine

Opus 76 et 77 – Banjos

Le banjo est une adaptation moderne de l'instrument utilisé par les esclaves ouest-africains dans le Nouveau Monde dès le XVIIe siècle. On en connaît l'usage en Martinique entre autres où il était associé à la danse *calinda* que les colons ont plus tard interdite. Les ménestrels noirs des États-Unis l'ont popularisé au début du XXe siècle; il fut ensuite commercialisé sous son apparence actuelle aux États-Unis et en Angleterre.

Ces deux banjos sont identiques. Le cadre est en contreplaqué d'érable et le manche en contreplaqué d'érable et de noyer. Un filet double décore le dos du manche. Le chevillier est découpé selon la forme d'un violon stylisé.

Thomas Dorward

Thomas Dorward est né et a grandi à Denver au Colorado. Il est encore à l'école secondaire lorsqu'il construit son premier instrument, une guitare classique. Il a déjà complété trois guitares lorsqu'il entre à l'Université du Michigan pour y faire des études en psychologie. Durant trois ans, il étudie tout en travaillant à la réparation et à la fabrication d'instruments de musique. En 1969, il s'inscrit à l'Université

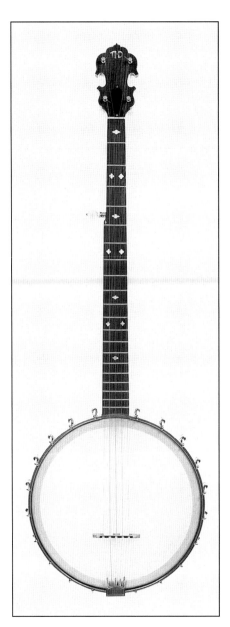 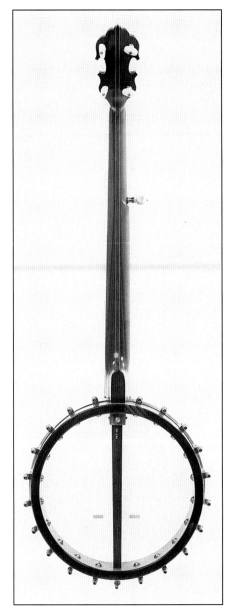

OPUS 76 et 77

Banjos
Par Thomas Dorward
Halifax (Nouvelle-Écosse)
1974
Érable, noyer, palissandre, ormeau, nacre, plastique, métal
90 x 29 x 7 cm
CCECT 74-240
CCECT 74-241

de Dalhousie pour se perfectionner. Il construit alors plusieurs
types d'instruments : guitares,
dulcimers des Appalaches, banjos.
Quelque temps après la fin de ses
études, il ouvre le Halifax Folklore
Centre avec la collaboration de sa
femme Marla. On y achète, vend,
échange, répare et construit des
instruments à cordes pincées,
d'abord, et à cordes frottées, un
peu plus tard. Depuis une quinzaine d'années, Thomas Dorward
s'intéresse particulièrement à la
facture des instruments à table
voûtée et il a ajouté à sa production
la fabrication de la mandoline
de modèle américain A-Style
Mandolin.

Opus 78 et 79 – Dulcimers des Appalaches

Ces deux instruments sont
identiques. Cette cithare à caisse
galbée s'apparente aux instruments
de l'Europe du Nord-Ouest et
particulièrement à l'épinette des
Vosges. Elle dérive des cithares
que les immigrants européens
apportèrent aux États-Unis au
XVIIIe siècle. Elle est répandue
surtout aux États-Unis et au
Canada, mais on ne sait rien de
précis sur son origine américaine.
Elle sert à accompagner les chants,
mais on l'utilise aussi en combinaison avec la concertina ou la vielle
à roue pour accompagner les
danses.

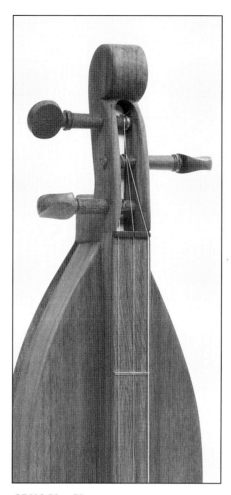

OPUS 78 et 79

Dulcimers des Appalaches
Par Thomas Dorward
Halifax (Nouvelle-Écosse)
1974
Noyer, palissandre
92 x 15,2 x 6 cm
CCECT 74-244
CCECT 74-245

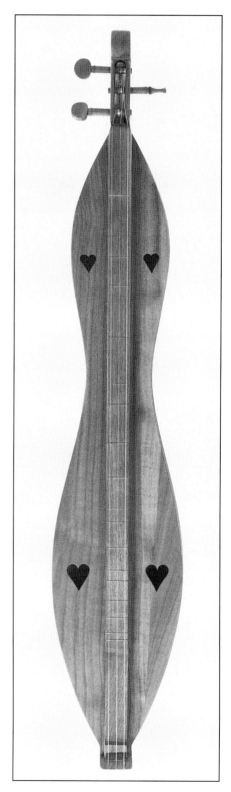

Ces instruments en noyer dont le chevillier est en palissandre ont une
très jolie forme de sablier. Des motifs traditionnels de cœur décorent la
table tandis qu'une simple volute orne la tête. Ces instruments sont munis
de trois cordes.

Opus 80 et 81 – Banjos

Ces instruments identiques dérivent du banjo traditionnel. Ils se composent d'une table d'harmonie circulaire en bois au centre de laquelle une membrane est tendue sur un cercle métallique. Le manche n'a pas de frette; la tête comporte quatre chevilles, une cinquième est placée sur le côté du manche pour y attacher la chanterelle, corde qui est plus courte que les autres et qui sert à jouer la mélodie.

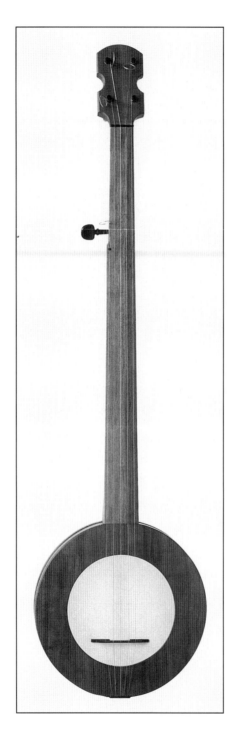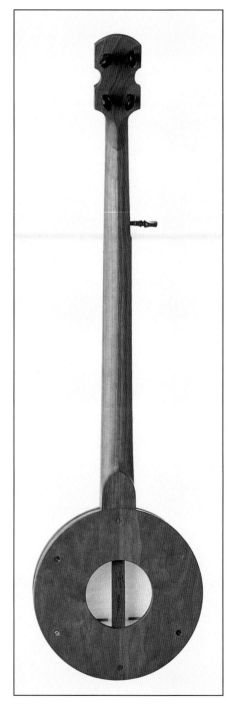

OPUS 80 et 81

Banjos
Par Oskar Graf
Clarendon (Ontario)
1974
Cerisier noir, ébène, métal, plastique
91 x 25 x 5 cm
CCECT 74-256
CCECT 74-257
Marque à l'encre : «Made by Oskar Graf 3/74 Clarendon, Ont.»

Opus 82 et 83
Mandolines-banjos

Au XIXe siècle, les facteurs
d'instruments se sont adonnés à
de multiples expériences créant
des instruments hybrides dont
la mandoline-banjo n'est qu'un
exemple. August Polmann a fait
breveter son dessin de mandoline-
banjo en 1885, et c'est ce dessin
qu'a utilisé Oskar Graf pour
reproduire les instruments que
l'on voit ici. Le long manche, les cinq cordes dont la chanterelle et le dos
plat de ces instruments tiennent du banjo.

De la mandoline, ils retiennent la table d'harmonie en bois percée
d'une rosace, tandis que la forme de la caisse de résonance est un
compromis entre la forme parfaitement circulaire du banjo et la forme
en demi-poire de la mandoline classique. Ils peuvent s'apparenter à la
mandoline à dos plat connue sous le nom de mandoline américaine qui
est apparue au début du siècle aux États-Unis. La facture de ces instruments est très soignée.

OPUS 82 et 83

Mandolines-banjos
D'après August Polmann
Par Oskar Graf
Clarendon (Ontario)
1974
Acajou hondurien, épinette, houx, ébène,
nacre, métal, plastique
86 x 26 x 7 cm
CCECT 74-258
CCECT 74-259

Opus 84 et 85 – Dulcimers des Appalaches

Ces instruments, dont la table est en cèdre et les éclisses et le dos en cerisier noir, ont une forme de sablier. La table est décorée de quatre ouvertures en forme de trilles. Les instruments sont munis de quatre cordes et la touche comporte dix-sept frettes de métal.

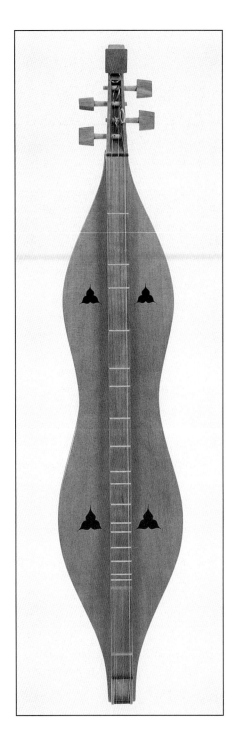 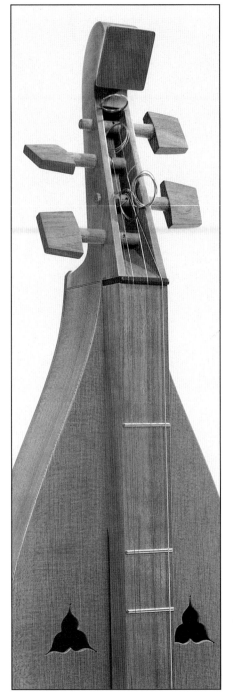

OPUS 84 et 85

Dulcimers des Appalaches
Par Oskar Graf
Clarendon (Ontario)
1973
Cerisier noir, cèdre de Colombie-Britannique,
ébène, bois de bubinga, métal
92 x 16,5 x 7 cm
CCECT 74-242
CCECT 74-245

Opus 86 – Dulcimer des Appalaches

Cet instrument, dont la tête est décorée d'une volute, a une très belle forme galbée. La table comporte quatre ouïes en forme de trèfle.

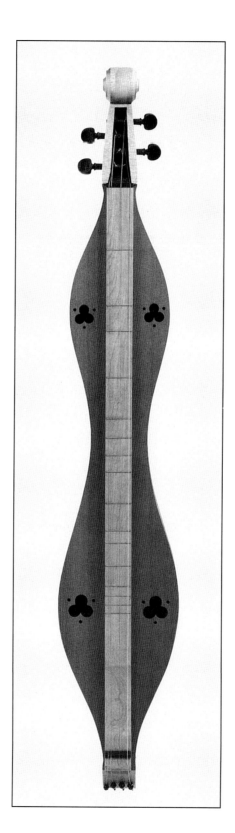

OPUS 86

Dulcimer des Appalaches
Par David Miller
Saskatoon (Saskatchewan)
1979
Cèdre, ébène, érable, agate
94 x 16 x 7,5 cm
CCECT 85-668
Don de la Fondation Massey

Opus 87 – Dulcimer des Appalaches

Cet instrument à la forme peu traditionnelle se joue en pinçant les cordes à l'aide d'un plectre tenu dans la main droite, alors que de la main gauche on joue la mélodie en pressant une petite baguette contre les frettes placées sous la première corde.

Si du dulcimer cet instrument retient la technique de jeu et le nombre de cordes, sa touche est cependant plus courte, s'arrêtant à la hauteur de la rosace. Le chevalet est posé au milieu du renflement de la caisse et un tire-corde de laiton est fixé à son extrémité. Le dulcimer des Appalaches traditionnel est muni d'une touche centrale faisant toute la longueur de la caisse, sur laquelle un sillet placé à chaque extrémité supporte les cordes.

Rickey Lair

Rickey Lair construit sa première guitare à la fin de ses études collégiales en design. Il est intéressé avant tout à la qualité et à la beauté du travail du bois. Sa production qui inclut des guitares et des dulcimers porte la marque d'un design très personnel. Les lignes de ses instruments sont élégantes et raffinées et l'on dénote une grande attention portée à la facture.

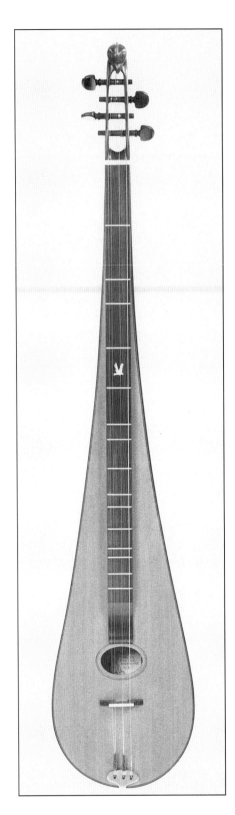

OPUS 87

Dulcimer des Appalaches
Par Rickey Lair
Dorchester (Nouveau-Brunswick)
Vers 1980
Palissandre, acajou, épinette, nacre
90 x 17 x 7,4 cm
CCECT 83-749.1-3
Don de la Fondation Massey

Une tête d'oiseau sculptée à même le chevillier contribue à l'élégance de cet instrument. Noter l'oiseau en vol incrusté sur la touche dans la photo de gauche.

Opus 88 – Banjo

George Kindness a construit ce banjo en 1933. Cet instrument raffiné comporte des incrustations de nacre sur le manche et son résonateur est en métal plaqué or, ce qui lui donne un très bel effet. Ce banjo à quatre cordes est dépourvu de la corde mélodique généralement attachée à une cheville placée latéralement sur le manche de l'instrument.

George Kindness

Né à Édimbourg en 1888, George Kindness apprend le métier de luthier dans sa ville natale. En 1911, il s'installe au Canada et travaille pour le grand atelier R.S. William & Sons de Toronto, pour lequel il construit maints violons. De 1921 à 1931, il possède son propre atelier à Toronto, puis, durant une quinzaine d'années, il travaille comme ébéniste pour la compagnie Robert Simpson Co. tout en continuant à construire des violons et des instruments à cordes. Finalement, en 1946, secondé par son fils Robert, il ouvre de nouveau un atelier. George Kindness a construit environ 150 violons et de nombreux musiciens professionnels jouèrent de ses instruments.

OPUS 88

Banjo
Par George Kindness
Toronto (Ontario)
1933
Bois, métal plaqué or, nacre
85 x 34,5 x 62 cm
CCECT 85-62
Don de Madame Phyllis Kindness

Les instruments d'origine extra-américaine

Opus 89 et 90 – Tympanons

*C*et instrument au son très doux porte aussi le nom de *dulce melos* d'où le nom de «dulcimer» qu'on lui donnera plus tard. Il serait probablement d'origine persane, et on le voit apparaître dans les tableaux italiens au milieu du XVe siècle.

C'est un instrument de musique traditionnelle par excellence. Dans les îles Britanniques, on en joue pour accompagner les *reels*, les gigues et les *hornpipes*. En Hongrie, on joue d'un instrument apparenté, de plus grandes dimensions, le *cimbalom*, pour accompagner les danses traditionnelles. Cet instrument tient aussi une place importante dans des œuvres symphoniques.

OPUS 89

Tympanon
Par Bob Rowland
Scarborough (Ontario)
1973
Noyer, bouleau, érable, peuplier, chêne, acier
106 x 59 x 11,5 cm
CCECT 74-254

OPUS 90

Tympanon
Par Bob Rowland
Scarborough (Ontario)
1973
Noyer, bouleau, érable, peuplier, chêne,
acier
106 x 59 x 11,5 cm
CCECT 74-255

Gros plan. On peut remarquer le
grain du bouleau dont est fait la
table d'harmonie.

Opus 91 – Harpe celtique

La harpe, un des plus anciens instruments qui soient, fait son apparition en Europe vers le IXe siècle. On l'associe au roi David qui en tient souvent une dans les tableaux qui le représentent. On la considère comme un instrument noble. En Irlande et en Écosse, la harpe, connue sous le nom gaélique de *clàrsach*, occupe une place privilégiée dès le Xe siècle. Elle est utilisée jusqu'au XVIIIe siècle et devient l'emblème de l'Irlande.

Au début du XIXe siècle, dans le courant de la renaissance celtique qui se développe à Dublin et à Édimbourg, des organismes se forment comme la Dublin Harp Society, pour faire revivre la tradition de la harpe. Un facteur de Dublin, John Egan, inventera une *clàrsach* moderne pour les nouveaux amateurs. Cette harpe de facture plus légère a des cordes de boyau et des palettes actionnées à la main permettant de hausser les cordes d'un demi-ton. On donne parfois à l'instrument le nom de « harpe celtique » ou « harpe néo-irlandaise ».

C'est sur le modèle de la *clàrsach* moderne que Tim Hobrough a construit cette harpe. La caisse de résonance est faite d'une seule

OPUS 91

Harpe celtique
Par Tim Hobrough
Vancouver (Colombie-Britannique)
1974
Érable, cèdre, nylon, acier, laiton
Hauteur : 99 cm; base : 29 x 20 cm
CCECT 74-591.1-2

pièce de cèdre sculptée provenant d'un tuyau d'orgue d'église. Les trente cordes sont en nylon. Des motifs traditionnels en entrelacs ornent la caisse de résonance et la tête de la colonne est décorée d'un oiseau stylisé.

Tim Hobrough

Tim Hobrough construit des instruments depuis 1972. Il fait un apprentissage de deux ans avec Michael Dunn, à Vancouver. En 1976, il reçoit une bourse du Conseil des arts du Canada pour aller étudier et mesurer les harpes anciennes des collections européennes. En 1978, il décide de s'établir en Écosse et, en 1989, il ouvre un atelier dans le village de Beauly. Il y fabrique une grande variété de harpes - médiévales, Renaissance, baroques, irlandaises et celtiques -, ainsi que des instruments médiévaux comme le dulcimer, le psaltérion ou la lyre.

Opus 92 – Bouzouki

Le bouzouki est l'instrument par excellence de la musique traditionnelle grecque. Il a connu au début du XXe siècle une période difficile car on l'associait au monde du crime. Les autorités le censurèrent et certains musiciens furent même persécutés. Durant les années trente, cependant, il retrouve la faveur du public grâce à l'enregistrement sonore et à la musique de film qui le font connaître dans le monde entier.

Le bouzouki que l'on joue le plus souvent aujourd'hui est un instrument qui a été adapté pour permettre de jouer la musique occidentale. Les changements apportés à l'instrument traditionnel s'inspirent des changements apportés à la guitare et à la mandoline : frettes de métal, mécanisme de roues dentées pour régler la tension des cordes, accord des quatre chœurs. C'est, en fait, un luth à long manche que l'on joue avec un plectre. La caisse à dos bombé est doublée à l'intérieur d'une mince feuille métallique donnant à l'instrument son timbre caractéristique. La longueur des cordes est identique à la longueur des cordes de guitare.

Le corps de ce luth est fait de noyer et de bandes de frêne, la table d'harmonie est en épinette et la décoration est de plastique noir et d'imitation de nacre.

Constantin Tingas

Constantin Tingas est né à Trois-Rivières au Québec de parents grecs. Tout jeune il va vivre en Grèce et y reste jusqu'à l'âge de 15 ans. Il apprend les bases de la lutherie avec son grand-père, et poursuit son apprentissage à l'École internationale de lutherie

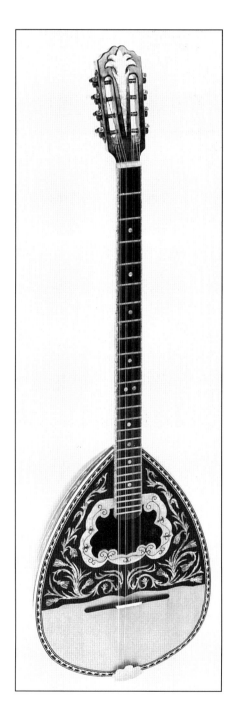

OPUS 92

Bouzouki
Par Constantin Tingas
Toronto (Ontario)
1991
Noyer, frêne, épinette, tilleul, ébène, padouk africain, plastique
Longueur totale : 98,5 cm;
caisse : 38,5 x 30 cm; profondeur : 18,5 cm
CCECT 91-456.1-2

de Vérone, en Italie, pendant un
an et demi. Il travaille pendant
quelques mois dans les ateliers
du renommé facteur de guitares
Robert Bouchet, à Paris. Lorsqu'il
revient au Canada à l'âge de vingt-
trois ans, il laisse la lutherie pour
se consacrer à ses études en ingé-
nierie aéronautique à Toronto.
Il revient à la lutherie en 1971 et
ouvre un atelier où il a construit
jusqu'à ce jour nombre de violons,
d'altos, de violoncelles et de guitares ainsi que des instruments
grecs traditionnels tels le bouzouki,
la *baglama*, le *tzouras* et le *laouto*, ou
luth grec.

Opus 93 et 94 – Baglama et tzouras

La *baglama* et le *tzouras* sont
deux petits luths à manche long,
dérivés du bouzouki. Ces trois
instruments forment l'ensemble
caractéristique de la musique et
des chants *rebetiko*. Cette forme
de musique, fortement influencée
par la musique turque, fit son
apparition dans les villes portuaires
grecques à la fin du siècle dernier.
Cette musique urbaine ou de café
devint l'expression d'un milieu de

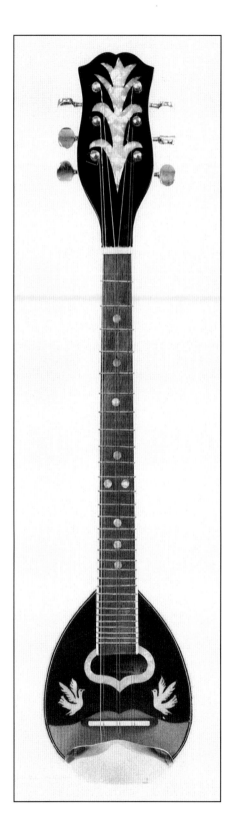

OPUS 95

Baglama
Par Constantin Tingas
Toronto (Ontario)
1991
Érable, ébène, épinette, tilleul, padouk
africain
Longueur totale : 57 cm;
caisse : 16 x 12 cm; profondeur : 6 cm
CCECT 91-454

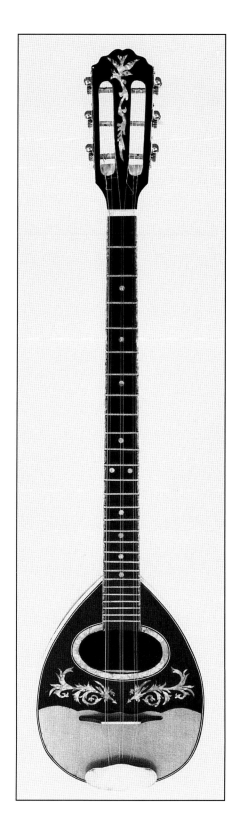

vie très dur. Dans les années vingt, la *baglama* et le *tzouras* subirent la même disgrâce sociale que le bouzouki. Aujourd'hui, les virtuoses de la musique grecque ont rendu ces instruments très populaires.

OPUS 94

Tzouras
Par Constantin Tingas
Toronto (Ontario)
1991
Noyer, frêne, épinette, tilleul, ébène, padouk africain, plastique
Longueur totale : 87,5 cm;
caisse : 27,5 x 20,5 cm; profondeur : 15 cm
CCECT 91-457.1-2

Opus 95 – Lira

La *lira* est un instrument des îles grecques. Elle est en usage surtout en Crète et dans le Dodécanèse. Traditionnellement, seuls les hommes en jouaient. Elle était utilisée pour interpréter des musiques de danse. Jusqu'au milieu du siècle, on accrochait sur l'archet des sonnailles, ou grelots, pour produire un accompagnement rythmique. De nos jours, lorsque le violon ne la remplace pas, la *lira* peut se jouer seule, avec des instruments comme la *laouto*, le tambour *daouli* et les tambourines *dachares*; on la retrouve aussi en compagnie d'instruments occidentaux.

La caisse de cette *lira* est sculptée dans une seule pièce d'acajou. La table d'harmonie est en épinette.

OPUS 95

Lira
*Par Constantin Tingas
Toronto (Ontario)
1991
Acajou du Honduras,
épinette
Longueur totale : 55 cm;
caisse : 28 x 21 cm;
profondeur : 5 cm
CCECT 91-455*

Opus 96 et 97 – Flûtes de Pan

La flûte de Pan est très répandue dans la musique traditionnelle roumaine. Ce sont habituellement des musiciens professionnels, les *lautaris*, qui en jouent dans des pièces du répertoire de musique de danse ou autres. Ces flûtes ont été fabriquées au Canada par Valeriu Apan, connu pour son interprétation de la musique populaire roumaine et occidentale.

Valeriu Apan

Valeriu Apan est un musicien roumain. Invité à venir au Canada en 1980 pour donner des concerts, il décide de s'établir dans la région d'Edmonton. Il devient directeur et arrangeur pour le Romanian Choral Group of Edmonton. Valeriu Apan est initié, dès l'âge de douze ans, à la musique folklorique de son pays par un oncle qui lui apprend à jouer la musique traditionnelle des bergers. Il entre au conservatoire de musique de Cluj, en Roumanie, où il étudie la musicologie et la composition, tout en pratiquant le piano et le violon. C'est à cette époque qu'il se passionne pour la flûte de Pan. Les seules flûtes de Pan disponibles sur le marché sont celles construites en série et sont de pauvre qualité. C'est ainsi qu'il se met à la construction de ces instruments dont il compte une cinquantaine à son crédit en 1984.

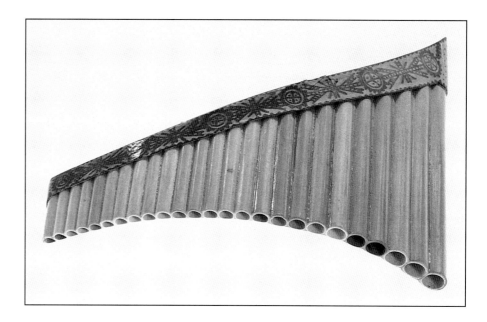

OPUS 96

Flûte de Pan
Par Valeriu Apan
Edmonton (Alberta)
1982
Prunier, bambou, cire d'abeille
Envergure : 36,5 cm;
tuyaux : 25,5 cm et 6,5 cm
CCECT 85-46

OPUS 97

Flûte de Pan
Par Valeriu Apan
Edmonton (Alberta)
1985
Bambou
Envergure : 45 cm;
tuyaux : 35,5 cm et 7,5 cm
CCECT 86-119

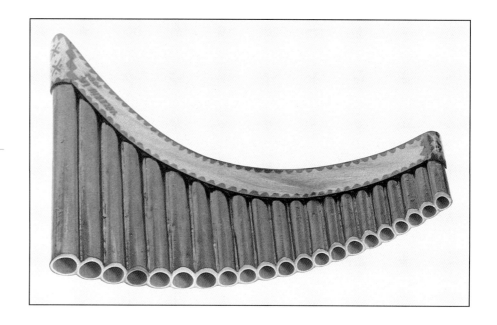

Opus 98 – Tilinca

La flûte *tilinca* compte
parmi les nombreuses flûtes
traditionnelles de la Roumanie.
Il est difficile de s'imaginer un
instrument plus simple, puisque
cette flûte est faite d'un tuyau de
cuivre ouvert aux deux extrémités
et ne comporte aucun trou pour
les doigts. Le musicien doit pouvoir varier la hauteur des sons
par la puissance de son souffle
combinée avec l'ouverture et la
fermeture de l'embouchure. Cet
instrument accompagne le chant,
les danses, et on le joue en solo.

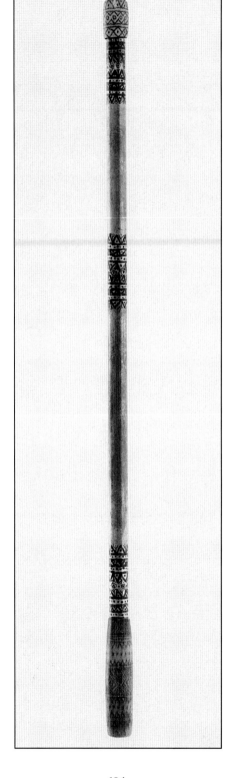

OPUS 98

Tilinca
Par Valeriu Apan
Edmonton (Alberta)
1985
Bois, cuivre
55,6 cm
CCECT 86-118

Opus 99 et 100 – Accordéons diatoniques

L'accordéon est un instrument du XIXe siècle, créé par Cyrill Demian, un facteur d'origine arménienne vivant à Vienne en 1829. C'est un instrument à vent qui comporte une boîte contenant les anches libres, un clavier composé d'une rangée de boutons à la main droite et de quelques touches à la main gauche pour obtenir des accords. Un soufflet central permet à l'air de faire vibrer les anches enfermées dans la boîte lorsque les doigts libèrent le passage de l'air en pressant sur un bouton. L'accordéon diatonique est caractérisé par son mécanisme permettant à l'instrumentiste de produire une note lorsqu'il pousse sur le soufflet et une autre note lorsqu'il tire. Dès le début du siècle, il se fabrique des accordéons de ce type au Québec; la firme Gagné et Frères de Québec, tout particulièrement, en construit. Après le violon, c'est l'instrument qu'on privilégie pour jouer la musique traditionnelle de danse, surtout au Québec mais également dans d'autres régions du Canada et aux États-Unis.

Clément Breton a entièrement construit à la main l'Opus 99, un accordéon à quatre séries d'anches. Il a porté une grande attention au travail de marqueterie, et l'ensemble est d'une facture très soignée.

Clément Breton

Originaire de Jonquière, Clément Breton fabrique des accordéons depuis une dizaine d'années. Sa passion pour cet instrument remonte au temps de ses six ans alors qu'un voisin accordéoniste l'enchantait par

OPUS 99

Accordéon diatonique
Par Clément Breton
Saint-Étienne-de-Lauzon (Québec)
1990-1991
Ébène de Macassar, érable, bois de violette, carton, fer chromé, toile, anches d'acier, cuir
Hauteur : 28,5 cm; profondeur : 16 cm; largeur (fermé) : 17 cm
CCECT 91-20.1-2

ses concerts. Ce n'est qu'à l'âge de quinze ans qu'il peut s'en procurer un et prendre plaisir à en jouer. De plus en plus intéressé par les différences de sonorités et d'accords existant entre les accordéons qui sont faits à la main, il décide d'explorer la facture de cet instrument. Clément Breton ne consa-cre que ses temps libres à cette activité, mais sa production atteint déjà une vingtaine d'instruments dont toutes les parties, à l'exception des anches qui sont fabriquées en Italie, sont faites minutieusement à la main.

Clément Breton assemble un accordéon dans son atelier, en 1991.

Gagné et Frères

À l'origine, Odilon Gagné (1852-1916) travaille le bois et le fer-blanc. Comme il joue aussi de l'accordéon, il commence par réparer quelques instruments pour finalement les construire entièrement. En 1890, il ouvre la maison «Gagné et Frères» à Québec, une entreprise artisanale qui fabrique sur place toutes les pièces des accordéons diatoniques. Odilon Gagné construit également une vingtaine de pianos et quelques violons. Ses trois fils, Wilfrid, Philias et Albert, prennent également part à la marche de l'entreprise familiale. De nos jours, la maison «Gagné et Frères» est un magasin de musique, mais son propriétaire, Paul-André Gagné, petit-fils d'Odilon Gagné, continue de fabriquer des accordéons, perpétuant ainsi la tradition familiale.

OPUS 100

Accordéon diatonique
Par la maison Gagné et Frères
Québec (Québec)
Vers 1910
Bois, métal, carton
Hauteur : 26 cm; profondeur : 15 cm;
largeur (fermé) : 25 cm
CCECT 84-144

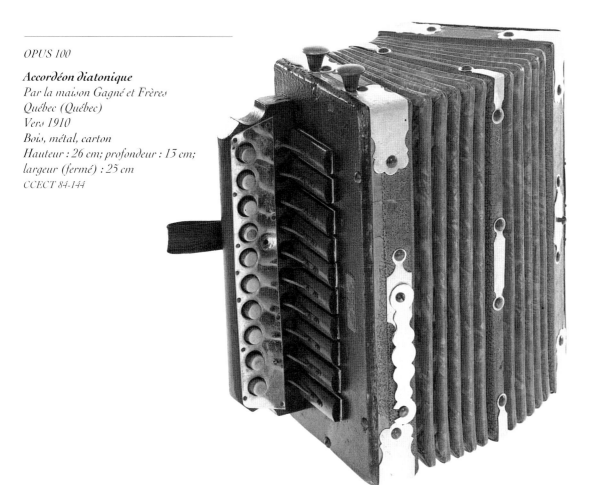

Opus 101 et 102 – Steel drums Quadraphonic et ténor

On appelle généralement *pan* les *steel drums* qui composent cet ensemble et on les identifie par le registre selon lequel ils sont accordés, par exemple, *Soprano-Pan, Alto-Pan, Bass-Pan*.

Le *steel drum* est de création récente. Son origine remonterait seulement à 1939 lorsque Stree Simons de Trinidad en découvrit les possibilités. Il est fait à partir d'un baril de métal dont on enfonce une des extrémités pour lui donner la forme d'une demi-sphère renversée sur laquelle on trace, selon un design et une dimension précise, le contour des «notes» désirées que l'on martèlera par la suite. Le diamètre et la profondeur de la note détermine sa hauteur. Le registre soprano, alto, ténor ou basse sera déterminé par la profondeur du baril lui-même que l'on coupe au besoin; le baril pleine dimension sert à la basse.

Earle Wong

Natif de Trinidad, Earle Wong joue des *steel drums* depuis l'âge de douze ans. Il arrive au Canada en 1968; son talent de musicien y est rapidement reconnu et il met sur pieds le premier *steel band* de Toronto. Il devient également, au fil des ans, maître dans l'art de construire et d'accorder les *steel drums*. Il rejoint ainsi la tradition qui veut qu'un directeur de *steel band* soit également celui qui construit et surtout accorde les instruments de son groupe. L'accordage d'un *steel drum* est la partie la plus complexe et la plus délicate de la fabrication. Earle Wong a participé à de nombreux ateliers à travers le

OPUS 101

Steel drums Quadraphonic
Par Earle Wong
Toronto (Ontario)
1986
Acier chromé
Diamètre : 56,5 cm; hauteur : 29 cm
CCECT 86-226.1-7

Canada pour démontrer son savoir-faire. Les commandes d'instruments lui viennent principalement du Canada et des États-Unis, et il en a fabriqué pour le Toronto Board of Education.

OPUS 102

Steel drum ténor
Par Earle Wong
Toronto (Ontario)
1986
Acier chromé
Diamètre : 56,5 cm; hauteur : 19 cm
CCECT 86-227

Conclusion

Il est entendu que cette étude sur la facture instrumentale au Canada est loin d'être exhaustive. Nous n'avons malheureusement pu traiter ici que des artisans dont le Musée canadien des civilisations possède des œuvres. Le Canada compte nombre d'autres facteurs de talent dont certains ont accepté de prêter certains de leurs instruments pour l'exposition **Opus**. *Nous vous les présentons ici.*

Nedd Kenney
facteur d'instruments à vent

Nedd Kenney s'intéresse tout particulièrement à la flûte irlandaise de concert et au flageolet de tradition celtique. Interprète de la musique irlandaise depuis plus de quinze ans, il vient à la facture instrumentale mû par la nécessité de trouver un instrument de qualité. Comme la flûte irlandaise de concert s'inspire des flûtes baroques, il poursuit son apprentissage avec le facteur de flûtes baroques Jean-François Beaudin, en 1989. C'est à l'Île-du-Prince-Édouard, sa province natale, que Nedd Kenney installe son atelier où il travaille à temps plein tout en continuant à faire de la musique. Il est membre fondateur du groupe Flying Tide qui se spécialise dans l'interprétation de la musique celtique et de la musique traditionnelle des Maritimes.

Jacques Martel
luthier

Jacques Martel établit son atelier, L'atelier de lutherie enr., à Trois-Rivières en 1980, après avoir reçu une formation de trois ans avec le maître italien Sylvio de Lellis. Il s'intéresse surtout à la fabrication des instruments de la famille du violon et il restaure les instruments à cordes. En plus de sa formation de base, Jacques Martel approfondit sa connaissance de la lutherie par de nombreux stages auprès de maîtres européens. Il étudie tout particulièrement la composition des vernis, la restauration et le réglage des instruments du quatuor à cordes avec Frédéric Boyer, et il parfait ses connaissances en haute restauration avec Jean-Jacques Rampal.

Jacques Martel a reçu plusieurs bourses du ministère des Affaires culturelles du Québec et, en 1989, il représente le Québec aux premiers Jeux de la francophonie au Maroc où il gagne une médaille d'or pour la facture instrumentale.

Iain Ro-Ha-Hes Phillips
luthier

Iain Phillips fabrique des instruments de musique depuis près de vingt ans. Découvrant la musique ancienne, il entreprend des études dans ce domaine à l'Université d'Ottawa. En réponse à la très forte demande, il se lance dans la fabrication des instruments anciens dès les années 1970-1980. Il fabrique tout d'abord des harpes, puis il étend son expertise à d'autres types d'instruments à cordes.

Iain Phillips compte à son actif plusieurs instruments à cordes : violes, vièles, mandores, gigues et orgues médiévaux. Il enseigne en plus l'histoire de la musique à l'Université Carleton et il dirige un groupe de musique baroque à Ottawa, Les barricades mystérieuses.

Thomas Strang
facteur d'instruments à vent

Thomas Strang a reçu une formation de restaurateur en art à l'Université Queen's de Kingston et il travaille comme restaurateur scientifique au Centre canadien de conservation. Durant ses temps libres, il s'adonne à la facture d'instruments à vent, un travail qui lui apporte de nombreuses satisfactions - trouver des solutions à des défis techniques variés, perfectionner une technique, rechercher des matériaux bruts de qualité et, finalement, entendre les premiers sons de l'instrument. Thomas Strang s'est entre autres donné comme défi de construire une cornemuse Northumbrian, un instrument complexe qui s'inspire de la musette française.

Gregory Walke,
luthier

Alors qu'il poursuit ses études en biologie, Gregory Walke décide de faire un voyage en Irlande avec son frère Bernard. Ce sera une expérience déterminante pour lui puisque le contact prolongé avec la musique traditionnelle irlandaise l'incite à l'apprentissage du violon et de sa facture. En 1979, Gregory Walke décide de s'inscrire à la Welsh School of Violin Making and Repair, en Grande-Bretagne où il étudiera trois ans. Deux séjours dans des ateliers européens lui permettront ensuite de parfaire ses connaissances. En 1983, Michael Franke l'invite à Wiesbaden, en

Allemagne, pour étudier et travailler dans son atelier pendant un an. Puis, il est accepté dans l'atelier du maître luthier et restaurateur Hieronymus Köstler, à Stuttgart. Il y reste pendant deux ans, travaillant et apprenant l'art de la restauration tout en ayant l'occasion de travailler sur des instruments importants des XVIIᵉ et XVIIIᵉ siècles. En 1987, il revient au Canada et ouvre un atelier avec le luthier Sibylle Ruppert et il s'associe avec son frère Bernard qui est archetier. Leur clientèle provient du Canada, des États-Unis et d'Allemagne.

Karl Wilhelm
facteur d'orgues

Karl Wilhelm a reçu sa formation en facture d'orgue en Allemagne et en Suisse où il a travaillé avec les renommés facteurs Metzler et Sohne. Dans les années 1960, la facture d'orgue connaît un renouveau au Québec et, lorsque la maison Casavant recrutera des facteurs européens pour relancer les orgues à traction mécanique, dont on avait abandonné la construction depuis 1904, Karl Wilhelm quittera l'Allemagne et viendra s'installer au Canada. En 1966, il fonde sa propre compagnie, Karl Wilhelm Inc., à Mont-Saint-Hilaire au Québec. Son atelier, équipé pour pouvoir construire toutes les parties d'un orgue à traction mécanique, réunit des artisans spécialisés et talentueux, dont plusieurs ont été formés par lui. Aujourd'hui, on compte plus de 120 orgues sortis de cet atelier qui sont répartis en Amérique du Nord.

René Wilhelmy
luthier

René Wilhelmy a étudié la guitare classique à l'institut Marguerite-Bourgeois, puis chez Jean Vallières. C'est au cours de ces études qu'il débute, en autodidacte, sa carrière de luthier. Il obtient deux bourses, l'une du Conseil des arts du Canada et l'autre de l'Office franco-québécois qui lui permettent de perfectionner son art. Ses voyages en Europe lui donnent l'occasion de rencontrer des luthiers et des guitaristes importants. Il acquiert une solide expérience et, au fil des ans, il parvient au rang des plus grands luthiers.

S'il travaille sur des modèles anciens de guitares, René Wilhelmy explore aussi la fabrication d'instruments plus modernes comme les guitares folk et électriques. Il a déjà fabriqué près de cent instruments dont des luths, des guitares folk et électriques et plus de 75 guitares classiques. Ses instruments sont grandement appréciés, tant pour leur beauté plastique que pour leur fine sonorité. Bon nombre de musiciens gagnants de divers prix nationaux possèdent de ses instruments.

Bibliographie générale

«Art du faiseur d'instruments de musique et lutherie», extrait de l'*Encyclopédie méthodique, Arts et métiers mécaniques*, Genève, Éditions Minkoff & Lattès, 1972 (reprod. de l'éd. de 1785).

BACHMANN, Alberto. *An Encyclopedia of the Violin*, New York, DaCapo Press, 1966.

BOUCHARD, Antoine et André COUSINEAU. Orgues au Québec, Saint-Dié-des-Vosges, Organa Europae, 1991.

BOWLES, Edmund A. *La pratique musicale au Moyen-Âge, Iconographie musicale*, s.l., Éditions Minkoff & Lattès, 1983.

BRIL, Jacques. *À cordes et à cris, Origine et symbolisme des instruments de musique*, s.l., Clancier-Guenaud, 1980.

BUCHNER, Alexandre. *Encyclopédie des instruments de musique*, Paris, Gründ, 1980.

COATES, Kevin. *Geometry, Proportion and the Art of Lutherie*, s.l., Oxford University Press, 1985.

CONSTANT, Pierre. *Les facteurs d'instruments de musique. Les luthiers et la facture instrumentale*, Précis historique, Genève, Éditions Minkoff, 1976 (reprod. de l'éd. de 1893).

COTTE, Roger J.V. *Musique et symbolisme. Résonances cosmiques des instruments et des œuvres*, s.l., Éditions Dangles, 1988.

The Craftsman's Way, Canadian Expressions. Introduction by Hart Massey, Interviews and photographs by John Flanders, Toronto/Buffalo/Londres, University of Toronto Press, 1981.

D'AIGLE, Jeanne. *Histoire de Casavant Frères facteurs d'orgues, 1880-1980*, Saint-Hyacinthe (Qué.), Éditions D'Aigle, 1988.

Dictionnaire encyclopédique de la musique. Sous la dir. de Denis Arnold, Robert Laffont, 1988.

Early Keyboard Instruments, The New Grove Musical Instruments Series, s.l., W.W. Norton & Company, 1989.

Encyclopedia of Music in Canada. Sous la dir. de Helmut Kallman, Gilles Potvin, Kenneth Winters, Toronto, University of Toronto Press, 1981.

EVANS, Tom et Mary Anne. *Guitars, Music, History, Construction and Players, from Renaissance to Rock*, New York, Facts on File, 1977.

GIBBONS, Roy W. *CCFCS Musical Instruments Volume One: Aerophones*, Centre canadien d'études sur la culture traditionnelle, dossier n° 43, Ottawa, Musée national de l'Homme, 1982.

GIBBONS, Roy W. *CCFCS Musical Instruments Volume Two: Idiophones and Membranophones*, Centre canadien d'études sur la culture traditionnelle, dossier n° 44, Ottawa, Musée national de l'Homme, 1983.

GIBBONS, Roy W. *CCFCS Musical Instruments Volume Three: Chordophones*, Centre canadien d'études sur la culture traditionnelle, dossier n° 45, Ottawa, Musée national de l'Homme, 1984.

GRUNFELD, Frederic V. Music, New York, Newsweek Books, 1974.

HOLLINGER, Roland. *Les musiques à bourdons, vielles à roue et cornemuses*, Paris, La Flûte de Pan, 1982.

L'instrument de musique populaire, usages et symboles, ministère de la Culture et de la Communication, Paris, Éditions de la Réunion des Musées nationaux, 1980.

Journal of American Musical Instrument Society, 1975-1991.

LASKIN, William. *The World of Musical Instrument Makers: A Guided Tour*, photographies de Brian Pickell, Oakville/New York/Londres, Mosaic Press, 1987.

LIBIN, Laurence. *American Musical Instruments in the Metropolitan Museum of Art*, New York, Metropolitan Museum of Art, 1985.

MAHILLON, Victor-Charles. *Catalogue descriptif et analytique du Musée instrumental du Conservatoire de musique de Bruxelles*, Bruxelles, Les amis de la musique, 1978, 5 vol.

MUNROE, David. *Instruments of the Middle Ages and Renaissance*, Oxford University Press, 1976.

Musical Instruments in the Royal Ontario Museum, s.l., Musée royal de l'Ontario, 1971.

Musical Instruments of the World, An Illustrated Encyclopedia by the Diagram Group, New York, Facts on File Inc., 1976.

The New Grove Dictionary of Musical Instruments. Sous la dir. de Stanley Sadie, London, Macmillan Press Limited, 1984, 3 vol.

SACHS, Curt. *The History of Musical Instruments*, New York, W.W. Norton and Company Inc., 1940.

TAYLOR, Ronald Zachary. *Make and Play a Lute*, Hemel Hempstead, Angleterre, Argus Books Limited, 1983.

THORTON, Peter. *Musical Instruments as Works of Art*, s.l., Victoria and Albert Museum, 1982.

TRANCHEFORT, François-René. *Les instruments de musique dans le monde*, Paris, Éditions du Seuil, 1980, 2 vol.

WINTERNITZ, Emanuel. *Musical Instruments and Their Symbolism in Western Art*, New Haven/Londres, Yale University Press, 1979.

YOUNG, Phillip T. *The Look of Music, Rare Musical Instruments 1500-1900*, Vancouver, Vancouver Museums and Planetarium Association, 1980.

Bibliographie sélective

compilée par Kevin James

Cette bibliographie englobe les articles publiés dans les journaux et les périodiques entre 1971 et 1991 et riches en renseignements sur les facteurs d'instruments de musique au Canada. Nous y avons aussi inclus certains articles publiés avant 1971 que nous avons trouvés au cours de la recherche préliminaire. Pour l'élaboration de cette bibliographie, nous avons consulté *Les classeurs verticaux* et l'*Index des périodiques canadiens de musique* de la Division de la musique de la Bibliothèque nationale du Canada; le *Canadian Magazine Index* (1985-1991); le *Canadian Newspaper Index* (1977-1979); le *Canadian News Index* (1980-1991); l'*Index de périodiques canadiens* (1977-1991); et le *Music Index* (1971-1991). La bibliographie est présentée en ordre chronologique.

Certains sujets, dont la facture de pianos et d'orgues, et certains facteurs, dont Richard Armin (facteur d'instruments à cordes électroniques), les frères Casavant (facteurs d'orgues), George Heinl (luthier), la Heintzman & Co. (facteurs de pianos) et Hugh Le Caine (inventeur d'instruments électroniques) ont fait l'objet de nombreux écrits et nous avons choisi de ne présenter que les plus importants. Le lecteur remarquera le peu de documentation traitant des facteurs de cuivres et d'instruments à vent. Nous avons malheureusement constaté qu'il y a très peu d'articles à ce sujet même si cet art se pratique au Canada.

Nous tenons à remercier le personnel de la Division de la musique de la Bibliothèque nationale du Canada pour sa précieuse collaboration au cours de notre travail.

MORIN, Dollard. «Un expert canadien-français crée un piano électronique», dans *Le Petit Journal*, Montréal, 20 mai 1951. (Oswald Michaud, inventeur du piano électronique)

«An Extraordinary Musician», dans *CBC Times*, 24-30 juin 1951. (John Duncan, harpiste et facteur de harpes)

HARBRON, John D. «At Heintzman Hustle Replaces History», dans *Executive*, vol. 3, n° 5 (mai 1961). (Heintzman & Co.)

«New Sounds at Casavant», dans *Time* (édition canadienne), vol. 81, n° 10 (8 mars 1963). (Casavant Frères, facteurs d'orgues)

ROCHESTER, Rosemary. «Olé! For Canada's Rebel Guitar-Maker», dans *Macleans' Reviews*, vol. 79, n° 8 (16 avril 1966). (Patt Lister)

BOUCHARD, Antoine. «Casavant Frères - facteurs d'orgues depuis un siècle», dans *Forces*, n° 2 (printemps-été 1967).

VALPY, Michael. «After 100 Years, a Sour Note as Piano Firm Plays Own Coda», dans *The Globe and Mail*, Toronto, 11 mars 1971. (Mason and Risch Ltd)

«Violin Maker Sid Engen Brings Home Another Prize», dans *Dauphin Herald*, Dauphin (Manitoba), 10 nov. 1971.

BATE, Michael. «New Breed of Composer Writes Space Age Music», dans *The Ottawa Citizen*, Ottawa, 26 fév. 1972. (Peter Jermyn, facteur de saqueboutes électroniques)

HICKMAN, James. «Un nouveau compositeur et son synthétiseur», dans *Le compositeur canadien*, n° 72 (septembre 1972). (David McLey)

POITRAS, Harold. «Three-Generation Team Makes Old Pipe Organs Hum Again», dans *Montreal Star*, 7 octobre 1972. (Les reconstructeurs d'orgues Caron)

«The Instrument Makers», dans *Craftsman: L'Artisan*, vol. 6, n° 1, 1973. (Jan H. Albarda, Christopher Allworth, John Bright, Casavant Frères, The Instrument Shop, Ted Turner)

HART, Matthew. «The Sackbut», dans *Weekend Magazine*, 16 juin 1973. (Peter Jermyn, facteur de saqueboutes électroniques)

JAMIESON, George. «Heintzman - 123 Years of Tradition», dans *Music Canada Quarterly*, vol. 2, n° 2 (juillet-septembre 1973).

BARDSLEY, Alice. «No Fiddling Around - Violin-Making an Art», dans *Atlantic Advocate*, vol. 64, n° 2 (octobre 1973). (Jim McCleave, facteur de violons)

IRVING, Kit. «Sculpture to Listen to ... by Art Price», dans *The Ottawa Journal*, Ottawa, 9 février 1974. (Art Price, créateur de sculptures musicales)

«Carving Their Own in B.C.», dans *Time* (édition canadienne), 29 juillet 1974. (The Instrument Shop)

THOMSON, Hugh. «Guitar Maker Patt Lister Keeps on Trying for Perfection», dans *The Globe and Mail*, Toronto, 2 août 1974.

LASKIN, Grit (William). «An Interview with Jean Larrivée», dans *Mariposa Folk Festival Publication Newsletter*, mars 1975. (Jean Larrivée, facteur de guitares)

«Just Call Him the Master», dans *The Hamilton Spectator*, 10 septembre 1975. (Eugène Breton)

GILLMOR, Alan. «Voici l'ancêtre de la machine à musique électronique d'ici», dans *Le compositeur canadien*, n° 108 (février 1976).

«Even a Stradivarius Needs Repairs», dans *The Toronto Star*, 27 février 1976. (George Heinl, facteur de violons)

McALPINE, Mary. «True to the Harpsichord», dans *Vancouver Sun*, 9 avril 1976. (Ted Turner, facteur de clavecins)

KING, Paul. «Around Heintzman, the Lady Calls the Tune», dans *The Toronto Star*, 2 octobre 1976. (Ann Heintzman de Heintzman & Co.)

McLEAN, Eric. «Introducing the Clavio», dans *Montreal Star*, 23 octobre 1976. (Colin Kerr, facteur d'instruments à clavier)

«Gaston Ouellet est passé maître dans l'art de construire des clavecins», dans *La musique périodique*, vol. 1, n° 2 (décembre 1976).

BEKER, Marilyn. «The Computer Maestro», dans *Weekend Magazine*, 18 décembre 1976. (David McLey, compositeur et facteur de synthétiseurs)

«He's Back at His Hobby After 40 Years», dans *Winnipeg Tribune*, 15 janvier 1977. (David Laskey, facteur de violons)

SWIMMINGS, Betty. «Organ Builder», dans *The Ottawa Citizen*, 19 mars 1977. (Gabriel Kney)

EMMERSON, Frank. «The New Harpsichord», dans *Tempo*, vol. 1, n° 2 (mai 1977). (Sigurd J. Sabathil, facteur de clavecins)

CONLOGUE, Ray. «18th-Century Craft Alive on Queen Street», dans *The Globe and Mail*, Toronto, 31 mai 1977. (John Hannaby, facteur de clavecins)

DUBUC, Madeleine. «Chez Casavant, la tradition d'abord», dans *La Presse*, Montréal, 23 mai 1977. (Casavant Frères, facteurs d'orgues)

THISTLE, Lauretta. «Late Dr. Hugh Le Caine Inventor of Canadian Electronic Instruments», dans *The Ottawa Citizen*, 9 juillet 1977.

«Home-Made Harpsichord», dans *Evening Telegram*, St. John's (T.-N.), 15 octobre 1977. (John Herriott, facteur de clavecins)

THIBAULT, Jean. «Edgar Perrault, luthier», dans *La Voix, Shawinigan-Grand' Mère*, 16 novembre 1977.

CHARBONNEAU, Daniel. «Des violons, il en fabrique et en joue», dans *Perspectives*, vol. 19, n° 48 (26 novembre 1977). (Jules Saint-Michel [Gyula Szentmihaly]).

«People», dans *Early Music Directory* (maintenant *Continuo*), vol. 1, n° 5 (février 1978). (Harvey Fink, facteur de clavecins)

DUNCAN, Dorothy. «The Bell Organ Company», dans *Canadian Collector*, vol. 13, n° 2 (mars-avril 1978).

BOUCHARD, Antoine. «300 ans d'orgue au Canada», dans *Musicanada*, n° 35 (avril 1978).

JEW, Sandy. «Violin Making - "The Master of the Art"», dans *Tempo*, juin 1978. (George Heinl, facteur de violons)

STEVENSON, Don. «Government Loan Refusal Is Sour Note for Piano Firm», dans *The Gazette,* Montréal, 17 octobre 1978. (Willis and Co.)

COLGRASS, Ulla. «Violinmaker Scoffs at "Stradivarius Sauce"», dans *Music Magazine*, vol. 2, n° 2 (mars-avril 1979). (Otto Erdesz, facteur de violons)

Édition spéciale de *Canada Crafts*, vol. 4, n° 4 (avril-mai 1979) :

BLOOM, Tony. «Divine Winds». (Robert Fortier, Jack Goosman, Peter Noy et d'autres facteurs d'instruments à vent)

BLOOM, Tony et Blair KETCHESON. «Handmade Musical Instruments Today».

COLGRASS, Ulla. «Profile - Otto Erdesz». (Otto Erdesz, facteur de violons)

«Drums of the Canadian Inuit».

HORNJATKEVYC, A.J. et T.R. NICHOLS. «The bandura».

JOHNSON, David. «Windharp».

«Joseph Kun: Focus on Bowmaking».

«Nexus». (Nouveaux instruments à percussion).

NURSE, Ray. «Lutes».

«Profile - E.R. Turner - Harpsichord Maker».

«Profile - Wolfgang Kater». (Wolfgang Kater, facteur de clavecins)

«String Section». (Différents luthiers)

DOIG, John. «The Music Factory», dans *The Canadian*, 9 juin 1979. (Gordon Tuck, facteur de cornemuses de St. Thomas [Ontario])

SWIMMINGS, Betty. «Piano Firm Remains a Family Affair», dans *The Ottawa Citizen*, 6 octobre 1979. (Heintzman & Co.)

«Letters - from Bob Marvin», dans *Continuo*, vol. 3., n° 4 (janvier 1980). (Bob Marvin, facteur de flûtes à bec)

SOUTHWORTH, Jean. «Composer Devises Musical Instruments», dans *The Ottawa Journal*, 9 avril 1980. (Gayle Young)

DEWEY, Martin. «Heintzman Piano Firm Has Played Its Part for 120 Good and Bad Years», dans *The Globe and Mail*, Toronto, 14 avril 1980.

CAROLAN, Trevor. «Reviving a Tradition: Vancouver's Luthiers», dans *Open Door*, Vancouver, vol. 3, n° 9 (juin-juillet 1980). (Michael Dunn, Michael Heiden, Bob Laughlin)

APRIL, Pierre. «L'art de fabriquer des orgues ... de père en fils», dans *Le Droit*, Ottawa, 9 juillet 1980. (Casavant Frères)

MILLER, Mark. «Providing Those Pickers with Something to Pick», dans *The Globe and Mail*, Toronto, 8 novembre 1980. (L'exposition «Measure for Measure» de Toronto)

YOUNG, Gayle. «Hugh Le Caine - Pioneer of Electronic Music», dans *Musicworks*, n° 14 (hiver 1981), partie 1, et n° 17 (automne 1981), partie 2.

«People», dans *Continuo*, vol. 4, n° 4 (janvier 1981). (Reed F.Curry, facteur de harpes de Halifax)

HARRIS, John. «Organ Builder Takes Skills Around World», dans *The Globe and Mail*, Toronto, 19 janvier 1981. (Gerhard Brunzema)

ROBERT, Véronique. «Les orgues dans nos campagnes», dans *L'actualité*, vol. 4, n° 12 (décembre 1981). (Casavant Frères)

LEMERY, Marthe. «Maurice Cellard démystifie l'art du luthier», dans *Le Droit*, Ottawa, 9 janvier 1982.

LE PAGE, Lorraine. «New Instruments Come from Experimental Urge», dans *St. Catharines Standard*, 28 janvier 1982. (Gayle Young)

BLASHILL, Lorraine. «At Fury, Quality Is Everything», dans *Saskatchewan Business*, vol. 3, n° 6 (janvier-février 1982). (Glenn McDougall)

JOHNSON, Brian D. «Melodic and Rhythmic Ghosts in the Machine», dans *Maclean's*, vol. 95, n° 5 (février 1982). (David McLey, compositeur et fabricant de synthétiseur)

HAWKINS, Cameron. «David McLey», dans *Canadian Musician*, vol. 4, n° 2 (mars-avril 1982). (David McLey, compositeur et fabricant de synthétiseur)

Édition spéciale de *Musicanada*, «La facture d'instruments au Canada», n° 48 (mai 1982) :

BARCLAY, Robert. «Les instruments anciens dans nos collections : des valeurs sentimentales sûres».

CHALIFOUX, Sylvain. «La facture d'orgue : Casavant et compagnie...».

CHÂTELIN, Ray. «La musique ancienne inspire les facteurs d'instruments»

YOUNG, Gayle. «La création d'instruments nouveaux : la fièvre de la découverte».

BRUNT, Stephen. «Building Thomson Hall Organ a Task for Master Craftsmen», dans *The Globe and Mail*, Toronto, 22 mai 1982. (Gabriel Kney)

LASKIN, William (Grit). «Caught in a Void: The Instrument Maker's Dilemma», dans *Ontario Craft*, vol. 7, n° 2 (été 1982).

KNIGHT, Irene G. «Sabathil & Son Ltd», dans *Canadian Music Trade*, vol. 4, n° 3 (juin-juillet 1982). (Sabathil & Son Ltd, facteurs de clavecins)

LEEPER, Muriel. «New Technology Shapes Genteel Harpsichord», dans *Music Magazine*, vol. 5, n° 4 (juillet-août 1982). (Sabathil & Son Ltd, facteurs de clavecins)

CADESKY, Eric V. «Cooking with Glass», dans *Musicworks*, n° 21 (automne 1982). (Eric Cadesky, facteur de percussions et d'instruments à vent et à anche en verre)

YOUNG, Gayle. «The How and Why of Instrument Building», dans *Musicworks*, n° 21 (automne 1982).

RIMMER, Steve. «Linda Manzer: Guitar Builder», dans *Canadian Musician*, vol. 4, n° 5 (septembre-octobre 1982).

«People - Louis and Christiane Bégin», dans *Continuo*, vol. 6, n° 3 (décembre 1982). (Louis et Christiane Bégin, facteurs d'archets)

FRIESEN, Michael D. «Canadian Builds Largest Organ in U.S. Church, 1870», dans *The Tracker*, vol. 27, n° 3, 1983. (Louis Mitchell, facteur d'orgues)

BECK, Jenny. «Musician Builds Own Pipe Organ», dans *The Chronicle Journal*, Thunder Bay (Ont.), 9 février 1983. (Herman Dost, facteur d'orgues)

GEEZA, John. «A New (18th Century) Organ for Redpath Hall», dans *McGill News*, février 1983. (Helmuth Wolff, facteur d'orgues)

SISKIND, Jacob. «Gold Is Pure Music to This Man's Ears», dans *The Ottawa Citizen*, 4 février 1983. (Joseph Kun, luthier et archetier)

ELLIS, Patrick. «Sabian Cymbals Ltd», dans *Canadian Music Trade*, vol. 5, n° 2 (avril-mai 1983).

KAPTAINIS, Arthur. «Craftsmen of Note», dans *The Globe and Mail*, Toronto, 25 juin 1983. (Ott Erdesz et Piet Molenaar, facteurs de violons)

DOBBIE, Mark et Luce LAMARRE. «Luthier, faiseur d'instruments», dans *Bulletin de musique folklorique canadienne*, vol. 17, n° 3 (juillet 1983). (Mario Lamarre, luthier; exposition à l'Université Laval)

FREEDMAN, Adele. «Bravo Highlights», dans *Bravo*, vol. 29, n° 6 (juillet-août 1983). (Gabriel Kney, facteur d'orgues)

RIMMER, Steve. «Made in Canada», dans *Canadian Music Trade*, vol. 5, n° 6 (décembre 1983-janvier 1984), partie 1; vol. 6, n° 2 (avril-mai 1984), partie 2 et vol. 6, n° 3, (juin-juillet 1984) partie 3.

GUÉNETTE, Maryse. «Le démon de la collection - un amoureux de la musique», dans *Châtelaine*, vol. 25, n° 1 (janvier 1984). (Jules Saint-Michel [Gyula Szentmihaly], facteur de violons).

COOPER, Frank. «About Harpsichords: New Faces», dans *The American Organist*, vol. 18, n° 2 (février 1984). (Yves Beaupré, facteur de clavecins)

WILSON, Paul. «Ultra Violins (and Violas and Cellos)», dans *Shades*, Toronto, n° 33 (avril-mai 1984). (Richard [Dick] Armin, facteur d'instruments à cordes électroniques RAAD)

MULAIRE, Bernard. «David and His Harp - An Historic Canadian Organ Case in Chicago», dans *Canadian Collector*, vol. 19, n° 3 (mai-juin 1984). (Louis Mitchell, facteur d'orgues)

LASKIN, William (Grit). «Toronto Instrument Making», dans *Guitar 84 Festival Bulletin*, une édition spéciale de *Guitar Toronto*, 22-30 juin 1984.

STRAUSS, Stephen. «Making Music Electronically», dans *The Globe and Mail*, Toronto, 25 juin 1984. (Hugh Le Caine)

ROBACK, Frances. «Advertising Canadian Pianos and Organs, 1850-1914», dans *Material History Bulletin/Bulletin d'histoire de la culture matérielle*, Ottawa, n° 20 (automne 1984).

HARRIS, John. «Two Masters of a Flourishing Art», dans *Music Magazine*, vol. 7, n° 4 (septembre-octobre 1984). (Gerhard Brunzema et Gabriel Kney, facteurs d'orgues)

LAURIER, Marie. «Hubert Bédard, facteur de clavecins anciens», dans *Le Devoir*, Montréal, 8 janvier 1985.

LAVALLÉE, Stephane. «Yves Beaupré propose un son très particulier», dans *La Tribune*, Sherbrooke, 19 janvier 1985. (Yves Beaupré, facteur de clavecins)

McGRATH, Paul. «Making a Violin R2-D2 Would Enjoy», dans *The Globe and Mail*, Toronto, 23 mars 1985. (Dick [Richard] Armin, facteur d'instruments à cordes électroniques RAAD)

GOULD, Malcolm. «Heintzman Pianos», dans *Canadian Music Trade*, vol. 7, n° 2 (avril-mai 1985).

McINTOSH, Mary. «Jay Witcher's Musical World», dans *Atlantic Insight*, vol. 7, n° 5 (mai 1985). (Jay Witcher, facteur de harpes)

HALL, Neal. «The Instrument Makers», dans *Vancouver Sun*, 4 mai 1985. (Michael Dunn, facteur de guitares; Kenneth Millard, facteur d'archets d'époque; Themba Tana, facteur de tambours africains; Ted Turner, facteur de clavecins)

LASKIN, William. «Metro's Music Makers», dans *The Toronto Star*, 1er juillet 1985. (Différents facteurs d'instruments de la région de Toronto)

BREWER, Margot. «Status Cymbals», dans *Canadian Business*, vol. 58, n° 9 (septembre 1985). (Les manufacturiers de cymbales Sabian)

DIEMERT, Christine. «The Music Maker», dans *Herald Sunday Magazine*, 10 novembre 1985. (William [Al] Gough, facteur de violons)

«Découvertes et inventions», dans *Horizon Canada*, vol. 4, n° 42 (décembre 1985). (Hugh Le Caine, inventeur de la saqueboute électronique)

SEAMAN, Brian. «Reviving Old Music», dans *Atlantic Insight*, vol. 7, n° 12 (décembre 1985). (Tony Murphy et Will O'Hara)

«Why a Luthier Loves His Job», dans *Vancouver Sun*, 20 janvier 1986. (Daryl Perry, facteur de guitares de Winnipeg)

«The Finish Is Critical for Guitar Makers», dans *Canadian Musician*, vol. 8, n° 1 (février 1986). (George Gray, facteur de guitares)

KAETZ, Deborah. «New Guild Luthiers», dans *Consort*, Halifax, vol. 6, n° 4 (mars 1986). (Tony Murphy et Will O'Hara, facteurs de clavecins et de luths)

«Violin-Maker Pursues Perfection», dans *The Ottawa Citizen*, 12 avril 1986. (Ted Obergan)

HUNT, Steven. «One Man's Search for the Perfect Sound», dans *The Toronto Star*, 13 avril 1986. (Joseph Kun, luthier et archetier)

BURMAN, Terry. «Canadian Guitar Makers Known World-Wide», dans *Canadian Musician*, vol. 8, n° 3 (juin 1986). (Différents facteurs)

STARR, Richard. «"The Finest Cymbals in the World" - Made in Meductic», dans *Atlantic Insight*, vol. 8, n° 10 (octobre 1986). (Sabian Ltd)

EDINBOROUGH, Arnold. «Electronic Strings Tuning Up», dans *Financial Post*, 3 nov. 1986. (Richard [Dick] Armin, facteur d'instruments à cordes électroniques RAAD)

«Découvertes et inventions», dans *Horizon Canada*, vol. 8, n° 90 (janvier 1987). (Morse Robb, inventeur de l'orgue électrique)

RAPHALS, Philip. «Roll Over, Stradivarius», dans *Science & Technology Dimensions*, janvier 1987. (Richard [Dick] Armin, facteur d'instruments à cordes électroniques RAAD)

MARTENS, Susan. «RAAD Instruments Rocking Music World», dans *Vancouver Sun*, 24 janvier 1987. (Richard [Dick] Armin, facteur d'instruments à cordes électroniques RAAD)

GARDNER, Al. «Canadian Luthier School Opens», dans *Canadian Musician*, vol. 9, n° 1 (février 1987). (David Freeman, facteur de guitares de Tugaske, en Saskatchewan)

LOUDER, James. «Christ Church - Oyster Bay, New York», dans *The American Organist*, vol. 21, n° 5 (mai 1987). (Helmuth Wolff and Associates)

«Engineer Designs Updated Dulcimer», dans *Vancouver Sun*, 12 mai 1987. (Bob Johnson, facteur de dulcimers de Cambridge, en Ontario)

MURETICH, James. «Craftsman's Progeny Music to Customer's Ears», dans *Calgary Herald*, 17 juillet 1987. (Michael Heiden, facteur de guitares)

LOWRY, William. «Joe Hugill Keeps Alive a Family Skill», dans *Hands*, vol. 7, n° 1 (mai 1987). (Joe Hugill, facteur de violons)

LAURIER, Marie. «Fernand Létourneau, facteur d'orgues québécois, se lance sur le marché international», dans *Le Devoir*, Montréal, 12 septembre 1987.

NORMAND, Anne. «L'orgue de l'église de Saint-Césaire prêt à faire face à la musique», dans *La Voix de l'Est*, Granby (Québec), 26 septembre 1987. (Orgues Létourneau)

KIRKWOOD, Heather. «Revolution in the Big Brass Band», dans *McGill News*, vol. 67, n° 4 (automne 1987). (Ellis Wean, inventeur de l'embouchure en acrylique)

YOUNG, Gayle. «Instrument Innovations - The Theory and Design of a Multi-Intonational Metallophone», dans *Percussive Notes*, Urbana (Illinois), vol. 26, n° 1 (automne 1987).

LE GRAND, Louis. «Denis Cormier, luthier québécois», dans *Le Devoir*, Montréal, 24 octobre 1987.

YOUNG, Gayle. «Twenty-Four Strings», dans *Musicworks*, n° 37 (hiver 1987).

STAPLES, Michael. «Un travail méticuleux et de bon ton», dans *New/Nouveau Brunswick*, vol 12, n° 3, 1988. (Eric Thulin, facteur de clavecins de Millville, au Nouveau-Brunswick)

«Delta: Canada's Only Synthesizer Maker», dans *Canadian Musician*, vol. 10, n° 1 (février 1988).

«Violin-Maker Has Musical Ear, Runny Nose», dans *The Ottawa Citizen*, 20 février 1988. (Clayton Boudreau, facteur de violons de Fredericton)

BRENNAN, Pat. «Baked in a Kitchen Oven This Violin Is a Cool Item», dans *The Toronto Star*, 8 mars 1988. (Leonard John et son violon en graphite)

BESINGRAND, Franck. «L'orgue au Québec», dans *Sonances*, vol. 7, n° 3 (printemps 1988).

KOZIARA, Andrzej. «Musical Classic: The Violin Is Made Today Much as It Was Four Centuries Ago», dans *The Gazette*, 26 mars 1988. (Jules Saint-Michel [Gyula Szentmihaly], facteur de violons)

BUCHIGNANI, Walter. «Acrylic Mouthpiece Gives Music New Look», dans *The Gazette*, 3 avril 1988. (Ellis Wean, joueur de tuba et inventeur)

«Violins Are Sweet Music to Gyula», dans *The Toronto Star*, 5 avril 1988; et dans *Vancouver Sun*, 9 avril 1988. (Gyula Szentmihaly [Jules Saint-Michel], facteur de violons de Montréal)

CONLON, Patrick. «In Search of Perfection», dans *Your Money*, vol. 4, n° 6 (juillet-août 1988). (Clayton Boudreau, facteur de violons)

KEYSER, Tom. «Master Craftsman Fashions Beautiful Music», dans *Calgary Herald*, 26 novembre 1988. (W.A. [Al] Gough, facteur de violons)

BARTLETT, Edouard. «Handmade for Music: The Instrument Makers of Toronto», dans *Ontario Craft*, vol. 13, n° 4 (hiver 1988).

TRUJILLO, Ysabel. «Collins Instrumental in Keeping Fine Art of Making Violins Alive», dans *This Week in Business*, vol. 1, n° 45 (3 décembre 1988). (Keith Collins, facteur de violons)

ENCHIN, Harvey. «Beautiful Music», dans *Report on Business Magazine*, vol. 5, n° 4 (décembre 1988). (Casavant Frères, facteurs d'orgues)

SCOTT, Michael. «Master Craftsmanship Makes Instruments Superb», dans *Vancouver Sun*, 10 décembre 1988. (Craig et Grant Tomlinson, facteurs de clavecins)

MARTEL, Jacques. «Rencontre avec Denis Grenier», dans *L'ÉLAN*, vol. 1, n° 1 (hiver 1989). (Facteur de percussions)

«Rencontre avec Alain Beaudoin», dans *L'ÉLAN*, vol. 1, n° 1 (hiver 1989). (Luthier et facteur de harpes)

«Rencontre avec André Bolduc», dans *L'ÉLAN*, vol. 1, n° 1 (hiver 1989). (Restaurateur de pianos)

«Rencontre avec André Gadoury», dans *L'ÉLAN*, vol. 1, n° 1 (hiver 1989). (Facteur de violons)

«Rencontre avec Hubert Chanon», dans *L'ÉLAN*, vol. 1, n° 1 (hiver 1989). (Facteur de violons)

«Rencontre avec Michel Fournelle», dans *L'ÉLAN*, vol. 1, n° 1 (hiver 1989). (Facteur de guitares et de contrebasses électriques)

McDOUGALL, Bruce. «Against All Odds», dans *Small Business*, vol. 8, n° 5 (mai 1989). (Sherlock-Manning, facteur de pianos)

«Un luthier expose sa collection», dans *Le Devoir*, Montréal, 9 mai 1989. (Jules Saint-Michel [Gyula Szentmihaly], facteur de violons)

«Un luthier montréalais qui recherche constamment la qualité», dans *L'ÉLAN*, vol. 1, n° 3 (été 1989). (Neil Hebert, luthier)

BURNETTE, J.A. «Canada Journal -- Sabian Cymbals, Meductic, N.B.», dans *Equinox*, n° 46 (juillet-août 1989).

CHARETTE, Pierre. «Les luthiers du Québec... un peu d'histoire», dans *L'ÉLAN*, vol. 1, n° 4 (automne 1989). (Rosario Bayeur [1875-1944], luthier)

CRAMER, Craig. «An Interview with Gerhard Brunzema», dans *The American Organist*, vol. 23, n° 7 (juillet 1989).

PEDERSEN, Stephen. «Instrument-Maker Gains Joy from Craft», dans *Chronicle-Herald*, Halifax, 15 septembre 1989. (Tom Dorward, facteur d'instruments traditionnels d'Halifax)

SIMARD, Françoise. «Richard Compartino : luthier-archetier», dans *L'ÉLAN*, vol. 1, n° 4 (automne 1989).

SIMARD, Francoise et Kenneth RISDON. «Rencontre avec Pierre Laporte», dans *L'ÉLAN*, vol. 1, n° 4 (automne 1989). (Facteur de guitares)

MORGAN, Jody. «Enlightening Sounds», dans *Equinox*, n° 47 (septembre-octobre 1989). (Tillmann Steckner, facteur de clavecins)

LYON, Nancy. «Vielle of Fortune», dans *Montreal Magazine*, n° 11 (décembre 1989). (Daniel Thonon, facteur de vielle à roue)

LITTLER, William. «Canadian Inventor Opened Musical Windows», dans *The Toronto Star*, 31 mars 1990. (Hugh Le Caine, facteur d'instruments électroniques)

HOMER, Stephen. «Pipes of Glory», dans *Equinox*, n° 50 (mars-avril 1990); version française condensée «Des orgues signés Casavant», dans *Sélections du Reader's Digest*, vol. 87, n° 518 (août 1990). (Jean-Paul Létourneau, facteur d'orgues)

KIRK, Douglas. «An Interview with Jean-Luc Boudreau», dans *Continuo*, vol. 14 (vol. 15 *sic*), n° 2 (avril 1990).

BURFORD MASON, Roger. «Wood, Metal & Mechanical Connections», dans *Musicworks*, n° 47 (été 1990). (Gabriel Kney, facteur d'orgues)

ROGERS, Corinne. «The Search for Authenticity in Harpsichord Making - An Interview with Craig Tomlinson», dans *Musick*, vol. 12, n° 3 (décembre 1990). (Facteur de clavecins)

«Otis Tomas: Making Instruments and Tunes», dans *Cape Breton's Magazine*, n° 56 (1991). (Luthier et facteur d'instruments traditionnels)

YOUNG, Gayle. «Playing The Aural and The Visual», dans *Musicworks*, n° 49 (hiver 1991). (Exposition de sculptures sonores)

DE BIÈVRE, Guy. «The Improvisation Moderator», dans *Musicworks*, n° 49 (hiver 1991). (Nicolas Collins, inventeur du propulseur numérique pour trombone)

ROY, Vincent. «Denis Cormier - luthier et philosophe», dans *L'ÉLAN*, vol. 2, n° 6 (février 1991).

ROY, Vincent. «Stensland & Girard : une même passion, la lutherie», dans *Musicien québécois*, vol. 3, n° 1 (avril 1991).

ST-AMOUR, Colette. «Canadian-Made Guitars Among World's Finest», dans *The Toronto Star*, 6 août 1991. (William Laskin, facteur de guitares)

ENNS, Ruth. «Material Authenticity and on Authenticity of Process», dans *Musick*, vol. 13, n° 2 (septembre 1991). (Ray Nurse, luthier)

ENRIGHT, Robert. «Guitar Man - The Instrumental Art of Murray Favro», dans *Border Crossings*, vol. 10, n° 4 (novembre 1991). (Facteur de guitares design)

BÉDARD, Romain. «Jean-Marc Forget scrute la mécanique du violon», dans *L'ÉLAN*, vol. 3, n° 5 (décembre 1991-janvier 1992).

Index des facteurs

Index des instruments